应急决策行为分析方法与实证研究

郝　阳　郑彬彬　著

山东大学出版社
SHANDONG UNIVERSITY PRESS
·济南·

内容简介

本书提出了一个基于“情景-应对”的以情景、决策者、决策过程和决策为核心要素的决策行为分析框架，并在此基础上构建了以应急演练为载体的决策行为生成、观察、分析的具体研究方法。该方法面向决策支持下的全局性决策，以决策者的个体决策行为作为研究对象，通过建立使用决策辅助时的行为导向模型为决策者进行画像分析。同时，构建地震灾难情景，并组织实施特大地震应急指挥决策演练，完成实证研究，发现决策者存在三类决策行为风格。

本书内容涉及情景构建、应急决策及决策行为和应急演练设计等多项领域，可供应急管理理论研究者和爱好者借鉴参考，实证部分或可为应急管理实务从业者提供案例参考。

图书在版编目(CIP)数据

应急决策行为分析方法与实证研究 / 郝阳，郑彬彬著.—济南：山东大学出版社，2023.11

ISBN 978-7-5607-8051-1

Ⅰ. ①应…　Ⅱ. ①郝…　②郑…　Ⅲ. ①突发事件—应急对策—行为分析—研究—中国　Ⅳ. ①D63

中国国家版本馆 CIP 数据核字(2023)第 236970 号

策划编辑　宋亚卿
责任编辑　任雅航
封面设计　王秋忆

应急决策行为分析方法与实证研究

YINGJI JUECE XINGWEI FENXI FANGFA YU SHIZHENG YANJIU

出版发行　山东大学出版社
社　　址　山东省济南市山大南路 20 号
邮政编码　250100
发行热线　(0531)88363008
经　　销　新华书店
印　　刷　山东蓝海文化科技有限公司
规　　格　720 毫米×1000 毫米　1/16
　　　　　10.75 印张　154 千字
版　　次　2023 年 11 月第 1 版
印　　次　2023 年 11 月第 1 次印刷
定　　价　49.00 元

前　言

应急决策是应对突发事件的中枢与核心，正如新型冠状病毒感染疫情在全球不同程度的蔓延佐证了决策对控制态势发展有关键影响，也再次引发公众对政府应急决策能力的关注与讨论。突发事件多具有地域性，在我国各类常规和非常规突发事件的应对中，特别是初期决策阶段，决策者可能涉及各级地方政府以及多个职能部门的相关人员，他们形成了一个特殊的群体：普遍通过人才队伍建设和选拔机制筛选，具有较高的个人基本素质和能力；具备一定的行政管理经验，熟悉组织和机构的运转机制；有清晰的认知及与其决策者身份相匹配的职权，能够在突发事件应对中行使职权并承担相应的责任。这个群体的整体应急决策能力对于我国突发事件的应对至关重要。应急决策行为研究是提高决策者应急决策能力、优化决策支持能力的前提条件。因此，充分了解决策者在应对突发事件中的决策行为，总结和把握决策行为中的特点和不足，可为探索如何提高决策者的应急决策能力和优化决策支持能力提供可靠的理论依据，对我国新应急管理体系的建设以及应急管理理论的发展都具有非常重要的现实意义和必要性。

本书从探索研究方法入手，提出一个基于"情景-应对"的以情景、决策者、决策过程和决策为核心要素的决策行为分析框架，并进一步在框架内选择实验方法对其进行完善，提出以应急演练为载体的决策行为生成、观察、分析的具体研究方法。该方法通过演练构建突发事件情景，组织满足研究对象要求的决策者参与演练，以调控演练流程控制决策过程，利用演练平台实现对决策行为全程多角度的观察，获取相关数据和样本，完成框架四要素的采集。对于决策行为的分析，本书面向当前应急决策中的重要方式，即决策支持下的全局性决策，以决策者的个体决策行为作为研究对象，提出了以决策者在建议采纳中的行为导向模型为基础的决策者类型，以决策数据描述决策表现的分析方法。为验证该方法的可行性和有效性，构建了地震灾难情景，并组织实施特大地震应急指挥决策演练，收集决策样本，提取决策行为和决策数据，发现存在自主型、合作型和依赖型三种具有不同决策行为风格的决策者类型；此外，通过决策者的决策表现对各类型决策者的决策行为进行了描述性评价，发现不同类型的决策者在决策时对建议的采纳以及最终决策效果的呈现方面均存在差异，对后续研究不同的决策者能力提升策略以及决策支持优化策略有参考价值。该研究也验证了“情景-应对”决策行为分析框架的有效性，实现了对地震突发事件初期决策行为的探索性研究。

本书通过构建应急决策行为分析框架，采用开放式设计支持研究者对其进行自行扩展和优化，创新性地为应急决策行为的实证研究提供了较为系统的研究思路和方法。针对大地震初期全局性决策行为研究提出的质性研究方法，既是对分析框架的检验和完善，同时也为应急决策行为研究提供了一条可行的路径。应急决策行为研究是多领域研究的基础，可由此延伸到应急决策理论、应急组织管理、应急支持技术等应急管理的相关研究中，有广阔的发展空间和较大的研究价值。

作　者

2023 年 7 月

目　录

绪 论

0.1 研究背景

自2003年应对严重急性呼吸综合征(SARS)事件后，我国的公共安全与应急体制机制建设迅速发展，如在2006年和2007年，《国家突发公共事件总体应急预案》和《中华人民共和国突发事件应对法》相继颁布实施[1]。为构建统一指挥、权责一致、权威高效的国家应急体系，我国于2018年组建了应急管理部，这标志着我国旨在做好应急准备、提升应急能力，同时应急管理发展进入了新阶段[2]。另外，随着科技的发展、气候的变化以及全球局势的不断变动，各类突发事件也越来越呈现出频发、剧烈、复杂、复合等特点，给人类的安全和社会的稳定带来了更大挑战[3]。我国幅员辽阔，地理气候条件复杂，自然灾害种类多且发生频繁，同时经济高速发展，人口密度大，各类突发事件对人民群众生命财产安全和社会稳定造成了巨大的威胁。近年来，我国对重大自然灾害、突发公共卫生事件等突发事件的应对情况，暴露了当前我国的应急能力特别是政府应急决策能力等方面尚存在诸多不足，并引发了全社会的广泛关注与讨论[4]。如何有效应对各类突发事件，充分发挥新应急管理体系的优势，对决策者（decision-maker）处理突发事件的应急决策能力提出了更高要求。

对于常规突发事件，可以通过优化应急预案、建立组织协调机制、做好预测预防、培养应急力量、加强抗灾能力建设等措施积极应对[5]。而非常规突发事件具有破坏力大、影响范围广、后果严重等特点，加之难以预测或者能够预测但无法有效遏制，以及可能引起次生、衍生灾害，使情况和态势更加复杂而难以判断和应对[6]。特别地，非常规突发事件初期的应对效果对整个应急过程至关重要，如果能够准确应对，使突发事件的态势在初期得到有效的控制，将大大降低其后续发展造成的破坏性后果和严重影响[7]。但由于时间紧迫、情况复杂混乱、信息模糊不清等，非常规突发事件发生初期的研判和决策可能会导致现有的应急预案失效，决策者需要在承受巨大的时间压力、信息压力、资源压力、社会压力以及心理压力的情况下，调动主观判断，根据突发事件的具体情景做出应对决策[8]。这既是对决策者应急决策能力的巨大考验，同时也对面向决策者的应急决策行为研究提出了要求：只有在充分认识和了解决策者应急决策行为特征、规律等因素的基础上，相应的应急能力建设和提升才能有的放矢。

依据《中华人民共和国突发事件应对法》，我国的突发事件涵盖自然灾害、事故灾难、公共卫生事件和社会安全事件。各级应急管理部门主要应对自然灾害类和部分事故灾难类（如生产安全事故等）等突发事件的应急管理和综合防灾减灾救灾工作，其他类型突发事件另有主管部门应对[9]；且突发事件往往具有地域性，因此在各类常规和非常规突发事件应对中，尤其在初期决策阶段，决策者们可能涉及各级地方政府以及多个职能部门的相关人员，他们形成了一个特殊的群体：普遍通过人才队伍建设和选拔机制的筛选，具有相当程度的个人基本素质和能力；具备一定的行政管理经验，熟悉组织和机构的运转机制；有清晰的认知及与其决策者身份相匹配的职权，能够在突发事件应对中行使职权并承担相应的责任。该群体的整体应急决策能力对于我国突发事件的应对至关重要。

因此，充分了解决策者在应对突发事件时的决策行为，总结和把握决策行为中的特点和不足，可为探索如何提高决策者的应急决策能力和优化决策支持能力提供可靠的理论依据，对我国新应急管理体系的建设以及应急管理理论的发展都具有非常重要的现实意义和必要性。

但是如何对应急决策行为进行分析研究存在方法上的困境：①应对真实突发事件时的决策行为以及最终的决策效果能够更客观和准确地反映决策者的决策能力[10]，然而完全依赖具有破坏性的突发事件的发生来观察和分析决策者的决策行为，从而促进其应急能力的提升，这种风险是社会不可接受的；②在研究的实施层面，非常规突发事件的发生是随机且不可预测的，难以实现对决策者在事发初期决策行为的实时观察[11]；③采用历史案例进行研究则受限于文献记录资料不完整性和不易得，且应急决策行为受主、客观复杂因素的共同影响，如果不能较为全面地收集影响因素，相关决策行为研究的可靠性也难以保证[12]；④此外，包含决策行为和应急决策的样本采集难度过大以及样本数量过少也限制了研究的开展。因此，需要在上述研究方法之外，探索更多可行的面向决策者应急决策行为的研究思路和方法。在日常应急准备阶段实现对决策者应急能力和决策能力的检验和评估分析，是较为理想的研究思路。但问题在于，若脱离了特定的突发事件情景和决策压力，决策行为就存在“失真”的可能，因此无法保证实现该研究的价值和意义。

综上所述，在应急管理实践中，迫切需要与应急决策行为相关的研究成果；此外，在我国尚未形成能够支撑相关研究的系统的、可行的研究方法。因此，亟须对应急决策行为分析进行方法探索与实证研究。

0.2 研究目的与意义

0.2.1 研究目的

应急管理与现实世界密不可分，它是为应对各类常规、非常规突发事件而提出的，其目的和价值是保障公众生命、健康和财产安全，促进社会和谐、健康发展[13]。对应急决策的评价始终包含现实的检验(是否解决或缓解了应对突发事件时的困境？是否产生了理想的或可接受的效果?)。应急决策是由选择、判断、策略等组合而成的智力成果，只有通过决策行为才能真正应用于突发事件并产生现实效果。而决策外化的过程必然受行为主体，即决策者个性、心理、意志、行为模式等主观因素的影响和制约[14-15]。因此，在决策理论和决策支持技术不断发展及其保障并推动了应急决策在科学性和及时性等方面不断优化的前提下，只有了解和掌握决策者的决策行为模式和偏好，并加以合理的引导或配合，方能使应急决策在突发事件应对中发挥最大的效用[16]。这需要大量与决策行为相关的研究成果，特别是实证研究成果作为支撑。然而受研究方法尚不系统、不成熟的限制，该领域的相关研究稀缺。基于该现状，本书提出以下研究目的：

(1)探索适用于非常规突发事件情景下决策者应急决策行为分析的方法、思路和框架，至少应满足以下两个条件：①能够在日常非紧急状态下可规划、可复制、可有效实施；②能够保证决策行为在突发事件情景和决策压力下完成。

(2)在以上框架的基础上，根据具体的实证研究需求，提出相应的包括理论和应用的质性研究方法。该研究方法应发挥支持决策行为研究和检验方法框架有效性两方面作用。

(3)以大地震初期具有代表性的全局性决策部署中的决策行为作为研究对象开展实证研究，尝试分析我国应急决策群体的应急决策行为特征、规律等，以期为决策者应急决策能力提升、决策支持能力优化等提供有价值的参考，充实应急决策行为实证研究成果。同时，实例验证决策行为分析框架和方法的可行性，实现方法研究的闭环。

0.2.2 研究意义

0.2.2.1 方法和理论意义

本书通过构建包含从非常规突发事件情景选择到决策样本"生成→采集→处理→分析"各环节的应急决策行为分析框架，采用开放式设计支持研究者对其进行自行扩展和优化，创新性地为应急决策行为的实证研究提供较为系统的研究思路和方法。针对大地震初期决策行为研究提出的质性研究方法，既是对分析框架的检验和完善，同时也为应急决策行为研究提供了一条可行的路径。

在分析框架和具体研究方法支撑下开展的全局性决策行为实证研究具有以下意义：首先，实现了对本书提出的质性研究方法的可行性和有效性验证，也为分析框架的应用和不断优化提供了参考和样例；其次，对大地震应急响应初期决策者综合部署决策行为的分析，完成了对"情景-应对"、非常规突发事件应急决策以及决策行为等几个方面的融合研究，其分析结论是对相关领域研究成果的填补和充实；最后，应急决策行为研究是多领域研究的基础，可由此延伸到应急决策理论、应急组织管理、应急支持技术等应急管理的相关研究中，以及社会学、心理学、行为学等其他学科的研究中，有广阔的发展空间和较大的研究价值。

0.2.2.2 现实意义

本书对决策者在特大地震应对情景下的综合部署决策行为的分析，最直接的现实意义是可促进我国特大地震灾害应急管理能力的发展。

此外，通过本书可在了解决策者决策习惯和偏好的基础上有针对性地优化决策支持，针对决策行为中的问题和不足对决策者采取有效的决策能力培训和提升等，都将对我国的应急管理有积极影响。

0.3 相关理论与研究现状

0.3.1 “情景-应对”理论

对于“情景”(scenario)的概念，从 20 世纪 60 年代至今中外学者给出了大量不同的理解和界定。早期观点认为，情景是现实中的状态与其未来要发展成的状态的组合[17]。此后数十年中，国外学者对情景的认知大都围绕“未来”与“现实”的“情形”展开[18-21]，后来逐渐出现将情景与突发事件关联的观点，该观点认为情景是对突发事件发生时和结束后情形的描述[22]。国内学者早期的观点与西方学者的观点相近，但强调情景是对发展态势的描述[23]。随着情景理论研究的不断深入，情景是“集合”的理念逐渐在学者中达成共识[24]。在突发事件应对领域，姜卉等对不同条件下的情景含义进行了分析，认为在“罕见重大突发事件”的应急决策中，情景是决策者面对的且实时变化发展的真实境况，而应急预案中的情景则是一种基于历史案例的虚拟假设[25]；刘铁民对应急规划中的情景进行了概括，认为其不是一个具体事件的投影，而是无数同类事件和预期风险的集合[26]。对于应急决策行为研究中的情景定义，本书基本认同姜卉等的观点，同时认为在突发事件应对中的情景能够与决策者以及其决策产生相互作用，即情景既可以影响决策者的决策行为和决策，也会对决策者的决策进行动态回应和效果反馈。

“情景-应对”理论由传统的“基于情景的规划方法”(scenario-based planning，SBP)发展而来。SBP 指在由历史经验形成的特定情景基础上进一步推测最严重的形势，以此设计应对的战略与战术，进行相应的能力强化和资源准备[27]。这种基于情景的分析方法经历了一个逐渐被重视的过程，应用的领域从早期对未来的预测及战略规划制定，到 20 世纪 90 年代左右开始被学者应用到突发事件的应急决策中，产生了"情景-应对"决策方法[28]。Cosgrave 认为，"情景-应对"是在对历史事件分析、推演、归纳的基础上总结其演化规律，并据此形成应对的预案[29]；Donner 针对情景演化的过程及其对决策主体制定应急决策方案的影响进行了分析[30]。

国内对"情景-应对"理论和应用的研究相对国外较晚，从研究方向来看，现有成果包括突发事件情景描述、演化与表达，情景模型构建，情景推演与仿真，案例推理，应急决策，应急方案生成等方面。姜卉等提出由于罕见重大突发灾害事件自身的特点，传统的"预测-应对"型应急决策模式已不适用，必须向"情景-应对"型应急决策模式转化[25]；刘霞等认为在实际决策过程中，没有固定的危机决策程序可供遵循，每一种程序模式都有其对应的危机情景，只有根据具体的危机情景灵活采用恰当的权变策略才是有效的[31]；刘铁民提出了一些适用于我国重大突发事件情景基本概念、分类矩阵、程序构建、情景框架结构与要素内容等的理论与方法，为建立"情景-应对"应急预案管理模式提供了技术支撑，同时也为提出具有针对性和实效性的应急培训和应急演练规划提供了参考[26]；李驰原等基于"情景-应对"模式，构建了火灾场景推演系统，并探讨了系统中存在的部分关键技术的实现问题[32]；仲秋雁等通过抽取情景共性要素及要素关系提出了"情景元"模型，构建了具体领域基于"知识元"的情景概念模型[33]；杨从杰等通过对应急决策和情景分析方法的论述，将不确定性分析、动态分析和阶段性决策角度进行结合，设计了一套基于情景分析的应急决策机制，为突发事件应急管理提供了一种基于"情景-应对"模式的方法和思路[34]；张承伟等提出了以"知识元"为基础的突发事件情景库的构建问题[35];陈晨等在事件态势的基础上,将应急活动加入情景中,系统分析了突发事件情景的构成要素,实现了对突发事件情景的规范化描述[36];孙山对重大突发事件情景构建理论所要求的“情景-应对”模式进行了描述说明,建立了某飞行事故情景的构建方案[37];付娉娉针对非常规突发事件系统的结构特征及推演阶段的特点与要求,研究了非常规突发事件基于情景推演的决策支持模型与方法[38];于峰等引入生物分类学方法与案例相似度概念,着重于案例库族谱设计,对突发事件决策案例库进行了研究[39];邓永伟基于“情景-应对”理论根据灾情对应急物资需求程度进行了分级,并在此基础上构建了应急物资储备库分布及储备网络体系,且进行了应急物资的优化调运和实现保障的研究[40]。

通过梳理上述研究成果可以发现,非常规突发事件是“情景依赖”的,“情景-应对”模式是应对非常规突发事件的有效模式,相关学者对此也已形成了基本共识,“情景-应对”模式成为应对非常规突发事件的基本范式[41]。同时还发现,“情景-应对”模式在突发事件应对中的应用,多为通过对已发生的案例情景进行分析总结,提取要素或者总结规律,在此基础上支持应急预案的开发以及应对策略的生成与优化等。虽然在早期亦有学者提出过突发事件应对以实时情景为依据的观点,但未能在后来研究者的成果中得到进一步的验证。

本书认为对于“情景-应对”理论的理解应将“情景依赖”和实时性相结合。在突发事件,特别是“情景依赖”的非常规突发事件应对实践中,情景态势的实时变化发展是不可回避的,只有正视该客观存在并以此为前提展开相关研究才能保持“情景-应对”理论的生命力,同时形成更多具有现实意义的成果。在本书提出的应急决策行为研究方法和实证分析中,要求样本数据来源于决策者对实时情景的反应。

0.3.2 决策行为研究范式

决策行为学是以决策者的行为为对象来研究决策的科学[42]。出于理念、认识角度以及支持学科的不同等原因，决策行为学的研究没有统一范式，多种范式随时代发展兴起并存[43]。

早期的标准化范式以取得最优解为目标，以理性决策理论为原则，是决策行为分析的经典范式。理性决策理论立足于 Neumann 等提出的预期效用理论[44]和 Savage 提出的贝叶斯决策理论[45]，基本前提是决策者是完全理性的，即决策者能够获得准确有用的信息并拥有无限的、可用于加工生成数据的资源，完全能够推导出对自己最优的选择[46]。事实上，由于决策者被当作"理性人"，标准化范式下研究的重心不是决策行为而是决策的科学方法。在系统论、控制论、数学和统计学等科学理论的支撑下，层次分析法(analytic hierarchy process，AHP)、线性规划、决策树、排队论、蒙特卡洛法等决策方法[42]，以及随着计算机网络科学和人工智能的发展应运而生的各式决策支持系统(decision-making support system，DSS)，证明了标准化范式在现代科技发展的背景下对决策科学的价值。同时，不可忽略的是，现实中的决策者并非抽象的"理性人"，这导致众多理性决策方法在实际应用中无法发挥其价值[47]。为解决该问题，促生了以行为决策理论为支撑的描述性决策行为分析范式。

西蒙的有限理性说认为，对决策行为的研究应立足于真实环境下的决策者，对其决策行为以及决策过程进行描述性说明，在分析评价的过程中建立决策行为模型，并在此基础上探索决策优化的可能方法[48]。有限理性说奠定了描述性范式的理论基础。早期的行为决策理论研究框架基于认知心理学，通过心理学实验方法探索人们在判断和选择背后的心理因素，再以此描述和解释具体的决策行为[49]。描述性范式下的研究通过解读和描述决策者心理来实现决策的优化，并在经济、金融和管理等领域中得到应用和发展。Kahneman 和 Tversky[50]的"前景理论"代表着依据行为决策理论开始建立基于实际决策行为的描述性决策模型；基于前景理论和大量实验，他们还发现了如不确定性效应、反射效应、锚效应以及后悔理论、过分自信等，在总结实验成果的基础上提出了要充分展示人类决策行为的复杂性和不确定性，开创了行为经济学研究的新领域。描述性范式中涵盖了观察法、调查法（问卷和访谈）和实验法（心理学和经济学方法）等多种实证研究方法。描述性范式在对决策者的认识上考虑了现实性，然而对决策环境的考虑是抽象的，难以解释真实世界中在特定背景和复杂条件下的决策行为，因此仍具有局限性。

进化论范式则是建立在对环境适应的基础上考察决策的效用。进化论范式下的行为决策理论强调概括行为特征，提炼行为变量，然后将其运用到理性决策的分析框架之中[51]。决策模型不仅考虑决策过程和环境的影响，而且包含决策者的认知局限和主观心理因素等。进化论范式最具影响力的应用是在金融领域中的研究，具有代表性的研究包括 BSV 模型[52]、DHS 模型[53]、HS 模型[54]、BHS 模型[55]等四个投资者心态模型和行为资产定价模型、行为组合模型等[56]。其主流研究范式的研究步骤为：①识别具体领域中的传统决策模型及其假设；②揭示传统理论与实际的不一致现象是由人的认知能力、心理因素所导致的；③归纳行为特征，调整行为变量，得到新的决策模型；④对新模型进行实证检验，寻找该模型的新推论并进行论证。进化论范式下演绎法的运用增多，但实证研究方法仍是主要的研究方法。

决策行为学经历了不断的演化成熟，产生了一系列对人类社会具有重要作用的理论和成果，但目前决策行为学研究的重心仍在经济、金融、管理等传统领域。而应急决策的行为背景与日常领域决策的差异较大，现有范式与应急决策行为研究的适配性不强。虽然尚无为应急决策行为“量身定制”的研究方法，但成熟的决策行为研究范式仍然为本书新研究方法的探索提供了理论和方法论支持：①标准化范式中的“理性人”设定虽然存在局限性，但不可忽视的是其强调了决策中的理性因素，特别是对于应急决策而言，其理性因素相比日常决策被放大了。②描述性范式中的“有限理性”则是应急决策行为研究的关键理论基础，即使应急决策中理性因素的比重增大，但仍不能改变决策由“有限理性”的人做出这一定性的前提；此外，描述性范式为应急决策行为研究提供了实证研究方法的指导，本书中应用较多的是实验法。③进化论范式是本书研究方法探索的核心理论支撑，提出的具体研究方法基本遵循了进化论范式的四个步骤。

0.3.3 应急决策行为相关研究

现有范式无法满足应急领域的决策行为研究需求，研究者只能类比其他领域的决策行为研究方法完成有限的研究，方法的缺乏限制了应急决策行为研究的进展。

Eggers 等采用行为观察的方法研究了企业投资激进技术的决策动机与现实业绩较预期差距之间的关系，这一方法或可为应急决策中冒险决策行为的研究提供思路[57]；Johnson 等以森林火灾为例讨论了紧急情况下人员是疏散还是留守的决策困境，以高层决策者视角研究相关策略及其效果，认为需要更深入地了解群体行为和社会文化因素对个人决策的影响[58]；Platt 等通过案例和场景演练分析了土耳其震后响应和恢复阶段的相关决策，认为以牺牲长期规划为代价将重点放在即时决策上具有合理性[59]；Slattery 等针对如何提高应急管理层的领导决策能力，提出将美国陆军开发的“八步培训模式”应用于应急管理人员的能力培训[60]；Coles 等进行了灾害环境下的伙伴关系和决策实验，分析应急组织在灾害环境中如何对伙伴关系做出决策，并建立模型解释相关决策对应急效果的影响[61]。

从上述文献可以看出，国外学者对决策行为研究的角度多从决策者情绪、性格特点、个体能力等方面出发，关注决策者对群体内部成员的影响；研究的落脚点多为对决策策略的优化；研究方法上多通过案例分析、实验观察等方式收集研究数据。

国内方面，汤志伟等基于行为决策理论，以框架效应为切入点，通过实证研究方法探讨了框架效应对政府危机决策质量的影响，同时发现决策者性别和职位级别变量对决策质量的影响不存在显著效应[62]；曹蓉等基于扎根理论，通过访谈获取决策者的核心决策经验，归纳总结了应急决策模式，认为影响应急决策的主要因素包含决策者的价值观、经验、情绪、意志力及沟通协调能力[63]；陈俊霖等运用前景理论，通过实验对比了决策者在应急和常规情景下的风险偏好，研究应急情景下时间压力和决策者风险态度对其决策行为的影响，发现时间压力对自然灾害领域的应急决策影响最显著[64]；于明璐分析了突发事件的应急决策特点以及决策者的心理行为特征，提出了应对突发事件的应急行为决策过程模型，分析了时间压力、模糊信息以及面对突发事件产生的情绪对行为决策过程和结果产生的影响[65]；叶春森等针对应急决策知识的缺乏和应急情景的动态演化问题，提出了拼凑行为和即兴行为的应急决策模式[66]；张云翌等基于行为决策研究范式建立了决策者情绪影响应急决策全过程的理论框架模型，分析了情绪对应急决策中多个环节的影响，以及决策任务特征、环境特征和决策者特征对决策者情绪的影响[67]；刘嘉研究了非常规突发事件中应激能力和风险偏好这两个心理因素对个体应对突发事件的影响，并进一步对群体决策行为提出了优化建议[68]；韩召颖等从多元启发理论视角出发，结合博弈分析，完善了从认知到理性分析两阶段式的领导人危机决策模型[69]。

国内学者在应急决策行为研究方面积累了一定成果，其中存在以下共性：①研究方向较为集中，主要研究决策者心理因素对决策行为的影响；②在研究方法上多依托经典范式，研究内容受方法适配性的约束，局限在现有范式支持程度较高的领域，这也是造成共性①的原因之一；③均没有对突发事件下的决策者应急决策行为进行研究。

0.3.4 应急决策相关研究

应急决策是应急管理的关键问题之一[70]，其相关研究与应急决策行为研究关联紧密。

Fraussen 等重点研究了“智库”在战略决策中的作用，并对“智库”在政策咨询体系中的特殊作用进行了评价，提出了决策者具备战略决策能力需要的三个关键要素：高水平的研究能力、组织的高度自治和长期的政策视野[71]。这是本书将采纳建议作为影响决策行为重要因素的有力支撑。

Wang 等提出的群体决策支持系统[72]，Santella 等提出的为保护关键基础设施提供决策支持的系统建模方法[73]，Ergu 等提出的在缺乏突发事件完整信息的情况下帮助决策者快速应对的决策支持模型[74]，Moser等开发的基于多智能体的实时多风险灾害管理决策支持系统[75]，以及 Fersini 等提出的基于机器学习和自然语言处理的地震管理决策支持系统[76]等，均为近十几年与决策支持系统开发相关的代表性成果，可见国外目前对于应急决策的研究多侧重于决策理论与方法的延伸和创新，以及决策支持相关的方法、技术与应用。

国外学者还关注了其他问题，如 Chandler 等通过案例讨论了两个大型县卫生部门在 2012 年应对“桑迪”飓风期间的组织决策过程，并调查了各机构与各自卫生系统内其他组织之间的协同关系[77]；Adini 等讨论了在突发事件中当医院处于危险情境时，医院领导的决策是否为所有人员均撤离医院以保障人员的安全的问题，提出应该让区域或国家级的高级官员参与决策，并当决定疏散时应该指定疏散类型[78]；Ash 等基于自然决策范式（NDM）对一个小样本决策案例进行了后续的执行模拟，并记录了决策者对模拟情况的反应，该研究强调需要进一步开展基于情境线索识别的领导力培训[79]；Zubir 等讨论了洪水灾害管理协同决策的概念化问题，认为有效的洪水灾害管理需要政府各部门以及应急队伍共享资源和协调工作，协同决策是迅速、有效解决灾民疏散问题的重要途径[80]；等等。这些与应急决策相关的研究为应急决策行为研究提供了丰富的观察角度。

国内研究现状与国外类似，除了讨论群体决策和智库决策[81]外，大量研究致力于将数理统计与概率分析、优化分析、数据链分析、情景建模等方法应用于决策支持系统的建模与开发[82-89]，也有部分学者关注了案例检索、信息等对决策的支持[90-92]。因此，我国学者对应急决策研究的深度与广度已有了长足的进展。

值得注意的是，应急决策研究与应急决策行为研究虽相辅相成，但属于不同的研究领域，一个重心在决策研究，一个重心在行为研究。定量分析是用数学方法研究问题，用数学变量和公式来描述和刻画客观规律[93]，是决策研究领域的重要方法；而质性分析侧重于用语言文字描述及探索事件、现象和问题[94]，是行为研究领域的重要方法[95]。本书中搭建的应急决策行为分析框架开放支持定性分析和定量分析等各种分析方法，如在该框架下提出的具体分析方法就属于质性分析范畴。

0.4 研究内容

本书的研究内容包括方法理论研究和实证研究两部分。

0.4.1 方法理论研究内容

0.4.1.1 情景、决策者、决策过程与决策变量间关系的研究

分析与应急决策行为相关的情景、决策者、决策过程三个自变量与决策因变量，论述各变量值的设置及变量间的关系，建立分析框架的运行机制。

0.4.1.2 构建基于“情景-应对”数据的应急决策行为分析框架

设计应急决策行为的分步流程，分析从研究目的到样本来源的选择方法，论述不同样本(即情景)的获取或构建方法，以及情景变量、决策者变量和决策过程变量的提取方法，论述从样本中提取决策数据并设置决策变量的方法，提出可供决策行为分析的方法并分别论述其适用的情形。

0.4.1.3 以应急演练为突发事件情景来源的实验方法研究

论述将应急演练作为突发事件决策行为研究实验载体的可行性。将决策行为分析框架中的分步要素与应急演练逐一融合，使该框架能够通过实验法得到进一步丰富，为提出完整、可支撑具体研究的方法做理论和实证准备。

0.4.1.4 个体决策行为研究

梳理突发事件应对中决策者个体决策行为的表现形式，重点研究决策者在采纳决策建议时的心理和行为表现。通过分析决策者在应急决策中的客观因素与影响建议采纳的主观因素，提出决策者在心理因素影响下采纳建议时的决策行为导向模型。该模型是建议支持下的全局性决策行为分析方法的重要理论基础。

0.4.1.5 建议支持下的全局性决策行为分析方法研究

论述在建议支持下的全局性决策行为分析框架中变量间的关系，根据以演练为载体的实证研究特点，提出对样本中包含的决策和行为两类数据采用不同的提取方法和分析方法，研究在两种分析方法基础上的联合分析决策行为的方法。

0.4.1.6 决策支持下的决策效果评估指标研究

以决策对情景的响应、对建议的采纳以及对决策漏洞的挖掘为核心指标，以决策者在决策中体现大局观、时效性和逻辑性为辅助指标，建立决策效果评估机制。

0.4.2 实证研究内容

0.4.2.1 特大地震灾难情景与决策环境设计

根据情景变量要素结合研究目的构建特大地震灾难情景，设计满足“情景-应对”要求的决策环境和决策过程。

0.4.2.2 特大地震灾难情景下综合部署决策行为研究

基于扎根理论对决策样本进行质性分析，编码建立决策任务集合；建立包括决策任务、修改行为的决策数据矩阵；基于决策行为偏好模型结合决策数据分析对参与演练的决策者进行分类；对不同类型的决策者进行决策效果评估；得出基于演练的特大地震初期应急决策行为分析结论。

0.5 研究方法

本书涉及安全科学、管理学、决策科学、行为科学等多个学科，拟采用的研究方法如下。

0.5.1 文献研究与典型案例分析法

本方法通过搜集、查阅、梳理现有“情景-应对”模式、非常规突发事件应急决策、应急决策行为、领导者决策、地震灾害应急等方面的典型研究案例，界定相关概念，确定研究对象与基本思路，制定研究大纲和研究计划。

0.5.2 实验法

本方法通过设计特大地震灾害情景和决策演练流程，让参演决策者在进入情景角色后，在规定阶段对预备的综合部署决策建议稿按其自由意志独立进行批复、修改、定稿，然后收集决策者手稿作为本研究的原始材料。

0.5.3 文本结构化处理

本方法利用质性分析软件 NVivo12 对决策者手稿进行统一管理和分析，以任务名称为编码项，对决策者手稿的内容逐一编码，将决策样本从文本形式转化为可供数理分析的结构化数据。

0.5.4 定性、定量分析法

本方法运用扎根理论[96]分析决策样本信息，在不预设结论的前提下从大量样本文字中逐步提炼决策行为特征，同时综合采用统计分析等社会科学常用的分析方法对决策数据进行分析[97]。

0.5.5 比较法

本方法采用多轮分组实验，并对不同轮次、不同分组的决策样本数据分析结果进行再比对，对已得出的结论进行验证或从中发现新的决策行为特征和规律。

0.5.6 基于“情景-应对”数据的决策行为分析法

综合以上研究方法，本书采用基于“情景-应对”数据的决策行为分析法对特大地震初期决策者的决策行为进行研究。

第1章

“情景-应对”决策行为分析框架

在应急决策行为的实证研究方面，案例研究因受限于突发事件的种类、数量以及情景的独立性而主要适用于对特定对象的研究[98]；问卷和田野调查难以接触和获取实时决策数据[99]，且无法满足“情景-应对”理论对决策行为的限定[100]。现有的决策行为研究方法尚不能为应急决策行为研究提供适配的支持。鉴于此，本书针对非常规突发事件下的决策行为进行实证研究，提出一个通过设定情景、决策者和决策过程以生成或收集特定的决策样本，在对样本进行文本处理并从中提取决策数据的基础上构建研究的系统分析框架，以期为相关研究提供理论与方法参考。该框架以“情景-应对”理论为前提，鼓励框架支持下的研究成果为应对突发事件提供现实价值；以西蒙的有限理性说为理论基础和指导，即坚持将真实情景中决策者的决策行为作为研究对象，对决策行为及其过程进行描述性说明，并在此基础上建立决策行为模型，探索决策优化的可能性。

1.1 变量设置

1.1.1 情景变量

情景是在与决策者相关的环境中不断发展变化的，有效的决策应建立在对情景变化结果和影响的评估基础上[101]。“情景-应对”决策行为分析框架中的情景变量 S（scenario）有双重含义：其一，根据《中华人民共和国突发事件应对法》，突发事件是指突然发生，造成或者可能造成严重社会危害，需要采取应急处理措施予以应对的自然灾害、事故灾难、公共卫生事件和社会安全事件，则在确定情景变量时，首先应明确作为研究对象的决策行为应对的突发事件的种类；其二，情景指由规定的突发事件反映的影响决策者决策行为的客观因素的总称[102-103]，在该层含义下，情景变量需根据不同的研究设置具体和特殊化的次级变量。

本框架示例以下次级变量的基本设置，在使用中可参考选择或扩展。

1.1.1.1 特征变量 Sf（scenario feature）

该变量描述构成突发事件情景并使其区别于其他突发事件的特有的基本要素[26]，数据类型表现为集合，如 $Sf=$｛发生时间，发生地点，伤亡人数，经济损失，受灾范围，……｝。特征变量是决策应对时的主要情景信息来源，为更好地做出决策以及满足研究需求，特征变量更多的是表现为子集中包含大量元素的集合，如 $Sf=$｛｛灾情｝，｛救援情况｝，｛舆情｝，｛资源｝，……｝。

1.1.1.2 性质变量 Sn（scenario nature）

该变量描述情景中包含的特有属性。同一突发事件情景可能存在多种特性，因此性质变量也可用集合表示，如 $Sn=$｛信息传递不畅，时间压力大，国际影响，……｝。性质变量的设置和取值与具体的研究需求关联紧密，通常是影响决策的关键因素，因此也是决策行为研究时的重要控制变量[104]。根据不同的研究需求，性质变量除可扩展以外也可设置为单值变量或者取消。

1.1.1.3 进程变量 Sp(scenario process)

该变量描述情景的演化阶段，与情景的发展态势有关[33]，是情景变量中表征动态的次级变量，其基本设置为 Sp ={初始，发展，缓解，恢复，……}，在具体的研究中可根据需求调整设置。

1.1.2 决策者变量

决策者是决策的主体，决策者变量也是影响决策变量的主变量。决策者可以定义为决策群组[105]，也可定义为个体决策者[106]。相应地，描述决策者的次级变量(M)设置也不同。个体决策时，次级变量与决策者的个体特征相关，如 M={性别，年龄，职务，级别，受教育程度，地域，经历，……}；群体决策时，次级变量不仅与该决策群组内决策者的同性特征相关，而且应包含对群体的特征描述，如 M={人数，随机组合，性别比例，职务差异，……}。

1.1.3 决策过程变量

决策过程变量 P(process)是通过作用于决策者而影响决策行为的重要变量[107]，图 1-1 所示为决策过程框架，描述了决策过程的主要形式。

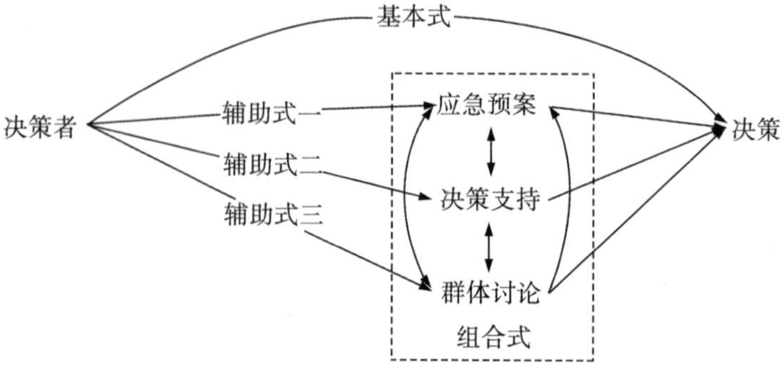

图 1-1 决策过程框架

1.1.3.1 基本式 Pb(process basic)

基本式是应急决策的最基本形式，由单一决策者依据情景自主研判并提出应对决策。该决策过程只包含主体（决策者）和对象（决策）两个核心要素。在基本式下，决策者成为“情景-应对”模式下决策过程的唯一中间环节，决策者的个体差异成为影响决策的关键因素。在当前背景下，基本式的决策过程在应急决策中已不多见，即使在时间压力极大的临机决策中，随着相关技术的发展，决策支持仍有发挥作用的空间。但认识和研究决策者在基本式中的决策行为和决策是对其他更符合真实突发事件应对决策过程中应急决策行为研究的基础和依据。

1.1.3.2 辅助式 Pa(process auxiliary)

辅助式是在基本式中加入了多种不同的增强理性决策的方式以限制决策者主观因素对决策的影响的应急决策形式。其一是在应急预案指导和控制下的决策。随着《中华人民共和国突发事件应对法》的实施，我国应对突发事件的应急预案体系逐渐建成[108]，应对各类突发事件的专项应急预案可为决策者提供响应程序参考和基础的、一般性的决策指导。其二是在各类决策支持辅助下的决策。本书所指的决策支持是为决策者决策提供一切支持的总称，包括但不限于以决策支持系统为代表的各类技术手段和工具[109]、专家智库以及其他来源的决策建议和意见等。其三是以群体决策代替个体决策。在突发事件应对实践中指挥部会议是常见的群体决策方式，相比只有最高决策者做出决策的个体决策，群体决策可充分收集各方信息和专业意见，同时在群体讨论中完成多部门的沟通与协作。而将群体决策作为辅助式的一种形式的原因在于，无论会议中是否形成结论性意见，群体决策的最终决策权仍归指挥长所有。群体讨论的过程和结论对于决策者而言，是辅助其下达更合理、有效的决策命令的重要支持。

1.1.3.3 组合式 Pc(process combined)

组合式指决策者在多种辅助决策形式共同作用下做出应对决策。在应急实践中,通常在按照应急预案启动相应的响应程序后,决策层召开指挥部会议,来自专家智库及多方意见的建议均可能在会上被讨论,同时决策支持系统也在决策过程中发挥作用。

在“情景-应对”决策行为分析框架下进行决策行为研究时,可根据研究对象确定决策过程的形式,并对其进行描述性再定义。特别地,在可对决策过程进行干预的情况下,可根据研究需求对 P 值进行多样化的限定,如在决策过程中加入缺陷、压力等参数,通过局部观察或对比实验寻找决策行为中那些在顺利决策条件下不易发现的特征。

1.1.4 决策变量

决策变量 D(decision)是受上述三个自变量(情景变量、决策者变量、决策过程变量)作用的因变量[110],决策和决策者变量是决策行为分析过程的两端,只有通过对这两端进行分析才能认识决策行为这一中间环节[111]。以下是对框架中决策变量的描述:

(1)以决策部署为载体,形式为自然语言文本[112](框架中称决策样本)。

(2)决策的内容以任务[113]为基本单位。任务可根据对象不同,分为从宏观到微观多级。

(3)决策中任务的选择与排序是反映决策行为的重要参考[114]。同一情景下决策者对情景信息做出怎样的应对方式,可通过决策任务的选择来判断;对相同的任务集合进行不同的优先级排序则反映了决策者对任务权重的偏好。

1.2 变量间的关系

“情景-应对”决策行为分析框架对变量间的基本关系描述如下：

突发事件发生后，情景信息（S）被决策者（M）接收，同时当决策过程（P）中包含决策支持（Pa）和群体决策（Pc）时，决策者也有接收情景信息的需求；决策者在收到情景信息后进入决策过程，生成决策（D）；决策将通过执行层对情景进行响应；受决策的影响，情景将发生变化，产生新的情景信息，由此展开新一轮的决策。由此可见，“情景-应对”决策行为分析框架下变量间的关系在响应结束前始终处于动态。变量间的基本关系如图1-2所示。

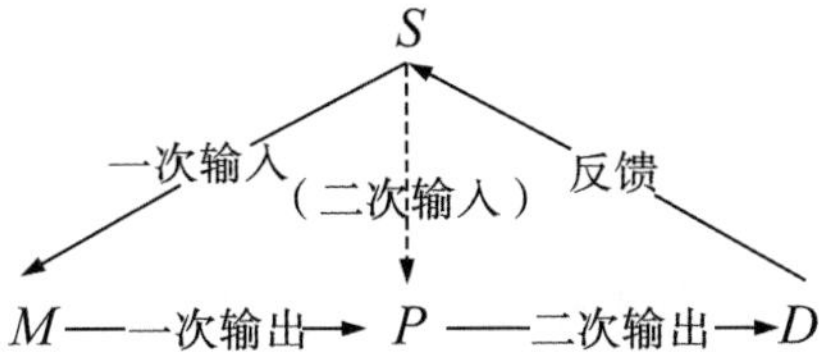

图1-2 变量间的基本关系

1.3 框架构建

1.3.1 情景与样本

由1.2节可知，应急决策是由突发事件情景触发的。因此在使用框架分析时，首先应确定情景信息的来源，再根据情景信息挖掘可供决策行为研究的样本。可通过复原和创造两种方式获得突发事件情景：前者指通过查阅文献档案、调查访谈、挖掘网络数据等方式对历史案例中的情景进行复原[115]，在获得满足研究需求的情景后，继续追踪应对该情景的决策者、决策过程以及决策等变量；后者主要指通过实验法设计模拟突发事件情景，使符合条件的决策者进入情景，并让其按照研究规定的决策过程做出应急决策。

除以上两种主要方法外，实时追踪真实突发事件的应对过程不仅同样可以获取情景、决策者和决策过程三种变量，而且数据的可靠性更高。但这种方法的应用取决于突发事件是否发生并受限于该突发事件是否具备可供全程观察的条件，随机性和不确定性使该方法无法进行前期准备，不能满足研究方法稳定、可复制的要求，因此不纳入“情景-应对”决策行为分析框架。

1.3.2 数据提取与分析

决策行为分析使用的数据种类多样，以四个主要变量相关的数据为基础数据。其中决策者变量和决策过程变量相关数据为已知量，情景变量相关数据需从情景信息中提取。至于决策变量相关数据，如 1.1.4 节所述主要包括任务的选择和排序两类。由于决策变量以自然语言文本为载体，因此需要在对决策文本做结构化处理的基础上再进行数据的提取。

除基础数据外，根据不同的研究，“情景-应对”决策行为分析框架支持其他类型数据的扩展。以决策行为为例，可观察决策者在决策过程中使用的特定语言及其表达的方式和风格；决策者特定的行为，如询问、回避、中断讨论、提出建议等；决策者的态度，如犹豫、立场坚决等。对以上行为和特征进行编码标记或统计，可获得决策行为的相关数据[116]。

分析方法由具体的研究决定。框架提供的基本思路是：在对决策数据定性定量分析的基础上，采用比较法、深描法以及演绎建模等方法展开分析。

1.3.3 决策行为分析框架

在设置变量并梳理变量间的关系的基础上提供研究可行的实施方案,构建基于"情景-应对"的应急决策行为分析框架,如图 1-3 所示。

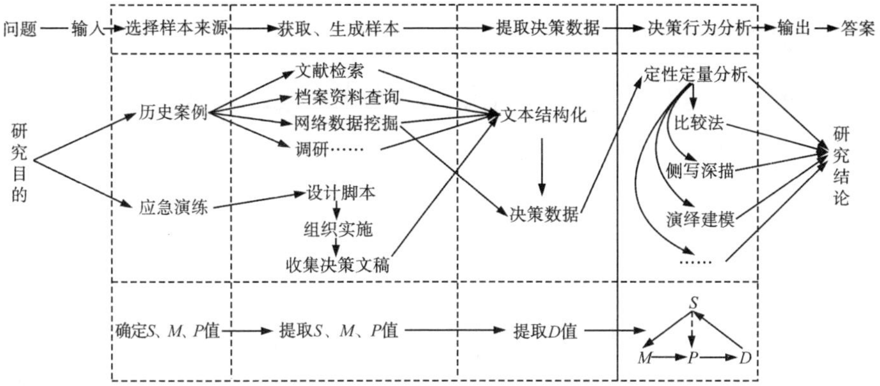

图 1-3 基于"情景-应对"的应急决策行为分析框架

本章小结

本章为充实应急决策行为研究方法提出了一个可行的分析框架。框架搭建基于"情景-应对"理论和有限理性说,坚持应急决策行为研究应受突发事件应对为背景约束的原则,以决策者是"非理性人"为前提,从分析影响决策行为的情景、决策过程以及决策者三个自变量与决策因变量间的动态关系中发现决策行为的特征和规律。除构建理论内核外,该框架提供了分步研究实现方法,包括情景来源的选择、样本的获取、数据的提取与分析等各个环节。

本章提出的"情景-应对"决策行为分析框架是本书探索应急决策行为研究方法的基础。

第 2 章

基于应急演练的框架建设

“情景-应对”决策行为分析框架提供了应急决策行为分析的两个主要样本来源。基于案例的应急决策行为研究因情景真实、数据可信度高，成果具有较高的参考价值，但同时受突发事件的特定性以及文献档案的有限性约束，不利于研究的深入和扩展。相应地，应急演练可灵活多样地为应急决策行为领域的研究量身提供适配性良好的情景和样本来源，并且具有可复制、可控制变量、可样本扩展等诸多优势。本章对应用应急演练观察获取决策样本并展开相关决策行为研究的方法进行论述，除从理论、组织、成本、风险和附加收益等方面做可行性论证外，还对该方法中的演练形式和要素、适用的决策类型、决策者的设置以及可供观察的决策行为等进行讨论。

2.1 可行性分析

2.1.1 理论可行性

国务院应急管理办公室 2009 年发布的《突发事件应急演练指南》

（以下简称《指南》）中将应急演练定义为："……依据有关应急预案，模拟应对突发事件的活动。"根据该定义的字面意思，应急演练主要是对应急预案的模拟实施。严格而言，无论是作为指导和纲领的总体预案，还是各类突发事件的专项预案，应急预案都是非"情景-应对"的。即使是针对具体位置特定情况的现场处置方案，其规定的触发情景和应对措施仍然是预制的[117]，不可能包含事件（故）现场的全部情景要素，也不可能给出真实情景下的全部应对建议。大到国家级别的响应，小到企事业单位的局部事故处置，均需要决策者（指挥人员或处置人员）在应急预案的指导下根据情景做出一系列的应对行为。一个事件（故）的全套应对行为或许对后发的同类事件（故）有参考价值，但后者的应对过程却无法机械地按照时间、人员、方式、路径等复盘所有行动。

《指南》按目的与作用将应急演练分为检验性演练、示范性演练和研究性演练。上述定义中的应急演练更符合检验性演练，而本书所指应急演练则更接近《指南》中对研究性演练的描述，它是基于"情景-应对"的，由参演单位和参演人员在既有应急能力的条件下，对想定的常规或非常规突发事件情景模拟应对[118]。在这种应急演练中，允许当情景设定为极端条件时，甚至可能出现无预案可用、无妥善措施可行的困境，而参演者仍必须实施应对的情况。事实上，本书所指的应急演练需要在一定程度上偏离或超出应急预案适用范围的情景[119]，虽然是否启动以及何时启动应急预案也是一种决策，但其对应急决策行为研究的支持有限。应急演练从以下方面满足"情景-应对"决策行为分析框架的样本来源要求：

（1）演练想定的事件（故）包含决策行为分析的情景变量。首先，演练均有明确的主题指向某类突发事件；其次，想定的事件（故）必然包括时间、地点、原因、损失、风险、程度等特征变量[120]；再次，为控制演练规模和进程，通常也会限定明确的事态发展阶段等进程变量；最后，为丰富演练内容或增加难度，部分演练还可针对性地加入各类性质变量[121]。

(2)对情景进行应对是演练的目的和任务要求。就演练而言,完成想定情景下的应急响应是基本任务和主要内容[122]。即使在以检验预案有效性为导向的演练中,也需要根据模拟的态势发展不断推进和实施预案中规定的程序和措施。而对于本书主张的以检验应急能力为导向的演练,则更加突出和依赖参演者对情景的响应,在脱离情景的情况下甚至无法达到演练目的。因此,应急演练的实施必然生成对情景的应对行为,这是演练支持决策行为分析的关键。

(3)在演练条件下,情景、决策者、决策过程和决策等四个变量皆可控制。除情景变量外,可以根据研究的需求利用演练的组织和筹划过程,将参演人员与决策者对接,将演练方式与决策过程对接,将演练任务与应急决策对接。由此不仅能够为决策行为分析提供必要的变量,还可以自由地调整演练方案从而实现变量控制以满足不同的研究需求[123]。

(4)演练保证了决策样本观察、提取的稳定性和可靠性。组织者不仅可以充分地利用和调动演练以实现对真实突发事件应对中难以捕捉的决策行为的实时直接观测[124],还可以通过影像、录音等记录保存完整的决策过程,从而大大提高观测的精度和可信度。除观察法外,组织者还可通过设置演练任务获取来自决策者的多种形式的第一手文字性决策,这种包含决策变量和行为信息的手稿是进行决策行为分析的优质素材。

(5)演练支持样本扩展和重复实验。应急决策行为研究受限的重要原因之一是决策者群组的特殊性导致样本数量过少;原因之二是情景的唯一性导致难以判断决策者的决策行为在其他情景下是否具有普适性。在应急演练中,通过增加相同角色的决策者数量可扩展样本数量,为在小样本或者单一样本条件下无法实现的分析方法的应用提供可能。而通过多次组织不同参演者进行同一演练,在增加样本数量的同时,也减小了变量和结果的误差;此外,研究者也可以通过重复演练对已有的研究进行检测和验证。

2.1.2　组织可行性

应急演练相比其他研究性实验或社会实验在组织和实施方面具有优势。

(1)组织难度方面。在相关的部门规章和地方性法规以及国家和地方各级各类应急预案中均有定期组织应急演练的要求，同时，企事业单位和组织团体内部也需要定期组织应急演练。应急演练已成为社会正常运转中一项被广泛认知和接受的活动，并在社会中积累了大量的组织和实施经验[125]。

(2)人力资源方面。如前所述，有应急演练需求的各级政府、部门、企事业单位、社会团体和组织为研究者提供了庞大的组织合作方基础[126]；演练的参与者多为上述单位组织的成员或相关方，首先在参与者的数量上有了组织保障，其次参与者与演练内容有直接或密切的利益关联，保证了参与者在演练中的配合和投入，这对决策行为研究至关重要——在“情景-应对”模式下当决策者不依据情景消极决策时，相关的决策变量和决策行为都将严重失真进而导致演练失败。

(3)资金保障方面。为科研目的服务的应急演练可得到科研项目资金支持；对于组织合作方，应急演练的费用支出通常已列入相关的年度预算，作为重点、特办项目的或有专项资金等支持。这两种渠道为应急演练提供了稳定可靠的资金保障。

2.1.3　成本和风险

当一次演练能同时满足科研和实用两个方面的需求时，就可将原本并行的科研活动与社会活动整合，实现成本节约。此外，关于决策行为研究的科学实验总是需要实验对象的参与，与调查问卷等方法相比，观察类实验需要占用参与者的个人时间更多,间接造成工时损耗;而当这种实验以应急演练的方式开展时,同时节省了人力和时间成本。

创造“情景-应对”的决策环境,首先需要突发事件情景,显然模拟应急演练想定情景所需的社会成本远远小于真实突发事件造成的损失代价。同理,该理论在社会风险方面也成立。至于演练过程中的风险,适用于决策行为研究的演练形式多以桌面演练为主,自身风险较低,即使是包括实战的综合性演练,也可通过演练前的合理筹划和风险评估、演练中的防护等实现风险控制。

2.1.4 附加效应

通过应急演练,参演的决策者在特定的情景下按照演练任务要求,对情况进行分析研判,并做出相应的决策。这一过程本身也是对参演决策者决策能力的训练与测试[127]。无论参演的决策者是否具有应急管理的知识和背景,通过演练至少都可获得一次应急决策的实感经验。这种“情景-应对”模式下的决策体验可以对参演者产生较强的刺激,通过演练帮助参演者发现和经历在日常生活中难以模拟和预想的决策困境,重新认识和评估自身的决策能力,发现自身在日常应急管理中存在的不足,拓宽应急管理思路,修正、提升或强化应急管理的理念和意识,起到常规培训难以达到的教育效果[128]。再遇真实的突发事件,参加演练时的决策经历将有助于缓解事件情景对决策者造成的心理冲击和干扰,使其保持较好的承压和研判能力。如果突发事件与演练模拟的情景类似,某些在演练中积累和收集的应急决策可能对解决实际问题有参考价值。

2.2 桌面演练中的自变量及其控制

2.2.1 概述

根据《指南》的定义:“桌面演练是指参演人员利用地图、沙盘、流程图、计算机模拟、视频会议等辅助手段,针对事先假定的演练情景,讨论和推演应急决策及现场处置的过程,从而促进相关人员掌握应急预案中所规定的职责和程序,提高指挥决策和协同配合能力。”桌面演练也称桌面推演,本书依照习惯使用前者并基本认同该定义对桌面演练开展形式及目的、作用等方面的表述。需要强调的是,在该定义框架下,本书所指桌面演练以模拟训练应急指挥决策为主要目的和内容。

相比实战演练,桌面演练是开展决策行为研究主要依托的演练方式。实战演练侧重于硬件和行动,主要面向物资装备、技能战术、力量调动、后勤保障等方面的训练[129];桌面演练侧重于软件和指挥,主要面向态势分析研判、决策部署、程序职责、协调沟通等方面的训练[130]。实战演练更加强调“现场”“实操”,但不意味着桌面演练无法模拟和还原应急响应中的真实场景。通常情况下,应急决策是在会议室或应急指挥中心等室内环境下做出的,可以通过启用或布置指挥大厅、决策室等为桌面演练参演者提供有代入感的演练环境。相比户外开放复杂的场地和环境,相对封闭和集中的室内环境便于全程持续地观察、跟踪和记录参演者的状态和言行,这些信息既有助于判断决策者是否投入或消极决策、决策时的心理状态等,还有利于及时发现决策过程中的问题或意外,对样本收集以及样本的质量均有保障。虽然实战演练也可能包含现场指挥调度等科目,但演练中只能由决策者或决策小组做出单一的决策命令,并得到唯一的执行及效果,这种形式不利于决策行为研究的开展。

如前文所述,桌面演练则可根据研究的需求同时开设多个并行的决策者角色,获取同一情景下的多个决策样本;加之桌面演练中态势的发展无需实物配合,便于组织者根据决策者的应对行为灵活机动地调整演练进程和方向,实现与参演决策者的互动。

2.2.2 情景构建

情景构建是“情景-应对”型应急演练和决策行为研究能否开展和完成的前提和关键步骤。情景构建是否成功直接影响演练和研究的效果[131]。根据演练选择的突发事件类型,情景可能是自然灾害、事故灾难、公共卫生事件或社会安全事件,也可能是两种及以上突发事件的叠加综合。突发事件的选择应结合演练组织或参与方实际情况,考虑可能发生的或当前应对能力薄弱的突发事件类型[132]。情景应包含支撑演练和研究的必要信息,同时为还原真实的决策情景,需对情景信息进行处理,除应搭载不定比例的迷惑性、干扰性、无价值信息外,突发事件初期部分关键信息缺失、不明确,以及后期信息过载的情况也应充分考虑。情景设置必须合理,组织者在情景构建时通常需要相关专业机构或人员的参与或技术支持:一是使演练对真实突发事件应对更具参考价值;二是若情景不能经受住常识和逻辑推敲以及合理质疑,决策者将难以代入情景从而影响演练效果,甚至导致演练失败。

情景是以信息为元素构建的,模拟的是突发事件发生后至决策时决策者所能接收到的全部信息,可随演练的态势发展不断更新甚至与决策者互动。组织者在构建情景时应考虑以下信息:

(1)事件(故)的基本信息。根据不同的突发事件类型,包括但不限于:事件发生的时间、地点、原因、经过、结果、背景、相关参数、相关方及其他必要信息。

(2)损失破坏信息。指突发事件已造成的直接社会危害,包括但不限于：人员生命及健康、经济财产、基础设施、建构筑物、环境、农业、生产经营活动、自然资源及历史文化遗产等。

(3)态势和风险信息。指突发事件的发展变化趋势和可能造成的潜在社会危害，应根据设置的事件(故)的基本信息，结合虚拟的当地社会情况，给出后续限定时间内可能的威胁范围、对象和程度等信息。

(4)救援响应情况。包括但不限于以下内容：一是决策时已开展的应急响应活动，必要时可包括响应后的效果反馈；二是当前可支配的应急力量(包括组织、队伍、装备、技术、物资保障等)；三是当前和未来预计的应急响应缺口(可选项，根据演练需要设置)。

(5)社会面情况。指突发事件发生后除造成的直接危害以外的其他社会面基本情况(不限于负面和损失)，包括但不限于：社会治安、食品、医疗卫生、教育、金融经济、生产经营、交通出行、物价、必需品供应及其他日常生活等方面。

(6)大众媒体网络舆情。包括但不限于各大网络平台上发布的与突发事件相关的各方面有代表性的民众讨论话题及意见态度等，以及官方和主流媒体发布的相关信息通报、评论及回应等。

(7)国际影响。包括受突发事件直接或间接影响的外国组织和个人的基本情况，以及国际社会、组织的各项相关行动、态度和反应等。

(8)当前问题和其他信息。包括当前应急响应活动中面临的主要困难和问题以及上述信息中未涉及的其他必要信息。

以上是对情景构建中可能包含的信息进行的归类梳理，在情景构建中应根据具体的演练设计合理选择和组织分布信息，使信息之间有机关联，合理呼应，避免出现信息间的冲突和逻辑矛盾。

情景信息可根据演练需求采用不同方式呈现，主要包括情景导入和文字报送两种形式。情景导入可通过制作视频影像资料并在演练现场模拟影院环境播放，利用声光帮助参演者建立感观认同，迅速完成现实与虚拟突发事件情景的切换，在短时间内向参演者传递基本的突发事件情景信息。文字报送则可以较为稳定地完成详细信息的传递，这种方式可有效对抗信息遗漏和记忆衰减。同时文字报送的格式和行文方式应模拟真实文书材料，这有助于决策者进入情景。此外，视频电话会议、卫星通联、短波通信等方式也可实现外部信息接入，随着移动通信、全息影像技术的不断发展，未来或可出现更多有利于“情景-应对”的演练情景呈现方式[133]。

2.2.3 过程控制

过程控制是桌面演练与决策行为研究的纽带。通过流程和方案设计，决策者在期望的条件下完成决策，生成满足决策行为研究要求的合格样本。过程控制是对决策行为分析框架中情景、决策者、决策过程和决策等四个变量的控制，如图 2-1 所示。

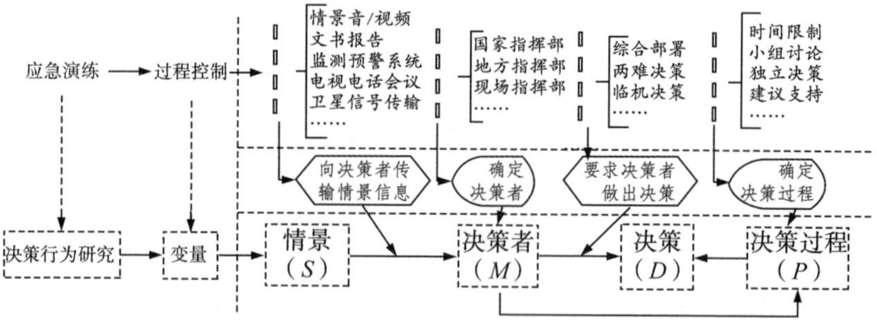

图 2-1 应急演练中的过程控制

另外，过程控制也是影响决策者是否始终处于突发事件情景中的关键一环。桌面演练虽然可以模拟突发事件应对的全过程，但受演练时间限制，态势的发展、每个阶段的推进是跳跃式的，在情景快速切换的过程中，如果控制不当，容易造成决策者脱离情景，影响后续的演练效果。因此，需要组织者通过必要的引导使决策者完成不同阶段情景间的过渡，在条件允许的情况下，实现下一阶段的情景与上一阶段的决策互动，这对鼓励决策者投入角色有积极作用。

2.2.4　决策者

在桌面演练中，决策者接收情景信息，在决策过程的干预下做出决策。决策者做出的决策以及在决策过程中表现的行为特征是进行决策行为研究的核心数据。决策者变量是决策行为分析中与其他变量均直接相关的重要变量，是演练成功与否、相关研究能否开展的关键，也是演练组织者和研究者最不可控的变量。

如 0.1 节所述，决策者作为应急决策行为研究对象的主体，是一个特殊的群体，意味着相关桌面演练中作为决策者角色的参演者应从特定群体中选择，他们主要集中在有应急决策职能的中高层管理者中，需要承受决策压力，为决策后果负责，与突发事件和应急决策有双重利害关系。能够满足决策者要素要求的应急演练，其组织单位多为领导干部的培训机构以及某地方政府或某归口部门。

在演练中，决策者角色的设置与参演者实际职务间的偏差包括业务范围和职位两个维度，其中业务范围分为匹配度高和匹配度低两个分度，职位分为高于本职、低于本职和平级三个分度，因此可形成六种不同的偏差模式。用决策质量衡量在演练中应急决策的效果，用研究价值衡量决策样本对决策行为分析的价值，用现实/未来意义衡量演练对参演者应急决策能力的提升程度以及对社会的有益影响，分别设高、中、低三个刻度，建立效果模型，如图 2-2 所示。

	匹配度低	匹配度高	
高于本职	决策质量：低 研究价值：低 现实/未来意义：中	决策质量：中 研究价值：中 现实/未来意义：高	高于本职
平级	决策质量：中 研究价值：高 现实/未来意义：高	决策质量：高 研究价值：高 现实/未来意义：高	平级
低于本职	决策质量：低 研究价值：低 现实/未来意义：低	决策质量：中 研究价值：低 现实/未来意义：低	低于本职

图 2-2　决策者角色与实际职务偏差效果模型

根据效果模型，演练组织者和研究者可根据具体的需求合理设置和分配决策者角色。从整体效果看，建议优先考虑与参演者本职平级且业务相关性高的设置，与参演者本职平级但业务相关性偏低的次之，高于参演者本职且业务相关性高的再次。

2.3　桌面演练中的因变量及种类

2.3.1　概述

关于应急决策的概念，不同学者有不同的阐述，尚未形成较统一的描述。近年来已有研究者对应急决策的定义做过简要综述[28]。为方便直观，本书在此基础上给出一个定义框架，括号内列举了不同的观点[134-136]：应急决策是在一定条件下(不确定条件、有限信息和资源、极短时间内、事发第一时间)，在前期工作的基础上(搜集处理信息、对意外事态准确研判、明确问题与目标）做出的举措（非常规应急处置措施、对拟定方案分析再选择、控制事态发展、降低损失、制定方案并实施），是一种决策情景、动态过程或非程序化决策。根据这个定义框架，本书简述了对应急决策的理解。

（1）应急决策的产生时间应在突发事件预警或发生后至应急结束前。当限定为“极短”或“第一”时间，则“应急决策”的重点词应是“急”。本书认为，“急”不应狭义地理解为在某一节点的时间紧急，而是由突发事件造成的态势危急。“应急”是应对危急之意，如此，“应急决策”才能与日常的管理决策即“常规决策”形成相对的概念。此外，应急决策以突发事件发生时间作为限定条件即可，情况复杂、信息不明等是应急决策常见的基本背景条件，无需特别定义。

（2）应急决策应包括信息处理和态势研判，但不能对处理和研判做“正确性”要求。首先，应急决策包含处理、研判、决定等一系列活动，判断一个中间过程正确与否，其评定标准如何制定、是否可观察、意义何在等均是有待讨论的问题；其次，如果以“准确研判”为限定，那么在分析失败的应急决策时，就只能将失误归因为后续措施，这显然有悖逻辑和现实。

（3）应急决策不包括实施。从应急组织方面看，应急决策的主体是决策层，他们负责选择或制定方案、措施并做出决定，虽然决策层有命令、组织协调、监督其应急决策能够有效实施的职责，但实施的主体仍是执行层。从“情景-应对”方面看，应对是决策通过实施作用于情景，从而生成新的情景，决策层得到反馈，再做出新的决策。在这个循环中，每一轮的应急决策应对的总是当前特定的情景。情景是动态的，应急决策也是动态的，但此处的动态指的是在每一轮决策的过程中情景发生变化，决策层识别新的变化并调整决策。当决策一旦付诸实施，决策层便进入了与情景的互动层面，下一轮决策由此开始。

(4)应急决策的表现形式除分析研判外还内含两个步骤:一是做出选择或制定方案、措施,这是对情景分析研判后做出的决策;二是做出决定,这是将决策交付执行层以确定实施。具体过程如图 2-3 所示。

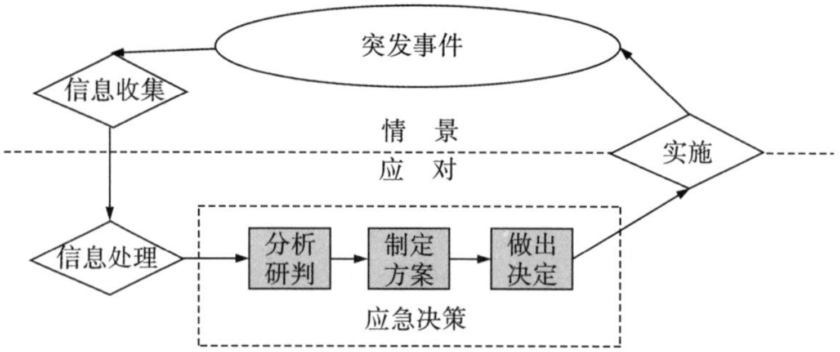

图 2-3 “情景-应对”下的突发事件应急决策的产生及实施过程

(5)非常规突发事件的一个特征是现有的应急预案或常用的应急措施难以应对,由此引出“非常规措施”这个概念。但非常规情景是非常规措施的必要不充分条件,因此,不排除在非常规突发事件某个特定情景的应对中,经分析研判后选择常规措施的情况。突发事件包括常规事件与非常规事件。若将非常规措施作为应急决策的限定,则意味着在常规突发事件应对中不需要应急决策,同时也否定了在非常规突发事件中“情景-应对”模式下综合采用常规与非常规措施的情况。基于以上阐述,本书认为应急决策应包括以应急预案为代表的预制常规措施、须根据情景特制的非常规措施,以及对以上两种措施的综合应用。本书所指应急决策主要面向非常规措施,其中全局性决策、困境决策和临机决策较为典型。

2.3.2 全局性决策

全局性决策应对的是突发事件情景的基本面。它是宏观的,既要对突发事件情景中的关键问题进行重点部署[137],又要控制其他问题避免其发展为新的严重情况，还须综合考虑后续的、潜在的风险，以及解决上述问题所需要的相关协调、配合、保障等。为实现以上目的，全局性决策通常包括一系列部署，同时，为了保障部署的各项工作顺利进行，还须考虑各项任务之间的衔接以及避免任何形式的冲突。全局性决策通常应用在突发事件发生伊始，以及后续的那些突发事件情景即将向下一个阶段转换的关键节点[138]。它提供的是一个阶段内的总体应对思路，是方向性的、纲领性的，通常不包括具体的措施和方案。

全局性决策的重要性还体现在一旦决策失误，其代价是沉重的，其风险和后果是难以承受的。因此要求决策者在进行全局性决策时把握以下几点：①对信息的可靠处理；②科学的态势研判；③注重决策的内在逻辑；④考虑决策实施的稳定性、可持续性和延展性；⑤考虑与后续决策的衔接。

2.3.3　困境决策

困境包含两种情况。

一种指在当前情景和条件下，已没有可以有效应对的措施，此时决策者大致还有三种可能的策略：①抢救性对策——尽可能降低损失；②防御性对策——防止事态进一步扩大；③放弃。这三种策略依据困境的程度呈递进和包含关系，即当策略①可选时，策略②和③即可淘汰，以此类推。因此在客观不可抗力下，决策者虽然承受着巨大的负面压力，但面对唯一的选项，决策压力反而变小了。

一种指“不会有满意答案”的两难情况。决策者可能同时面临两个甚至两个以上的选择，但无论怎么选，都必然带来超过预期的损失和不愿承受的后果[139]。特别是在两个重要保护对象非此即彼的情况下，当决策者选择牺牲一方保护另一方时，将面临巨大的决策压力，因为不存在“正确”或“满意”的选择。在突发事件应对中常存在这种困境决策，如在洪峰来临前是否启用滞洪区：若启用则必然带来大规模经济损失和需要进行群众转移；若不启用则要承受小概率下的溃坝而造成重要城镇淹没的风险[140]。如在重大疫情中游轮上出现患者，是封闭游轮将上千游客置于高危易感环境中，还是开舱隔离但可能导致一个城市乃至全国的疫情暴发[141]。

在"怎么都是错"的"硬币"的另一面是"怎么都不错"。在困境决策中，特别是在第二种情况下，要求决策者把握：①底线意识，当冲突的利益一方处于底线内时，则应首先对其进行保护；②无法使用底线意识判断时，"做出"选择比选择"什么"更重要；③将选择的压力转移到选择后的措施上，当相应的措施到位，能够将损失最小化时，两难决策的"硬币"就可能翻转。

2.3.4 临机决策

相比困境决策，在突发事件特别是非常规突发事件的应对中，临机决策的使用更为频繁[142]。总结近年来学者对临机决策的研究[143]，本书认为临机决策主要包含以下特征：①是"情景-应对"的，需要非常规的应对策略；②存在时间压力，须在有限甚至极短的时间内做出决策；③决策效果难以预测。

临机决策的难点在于存在时间压力：其一是有限的时间对寻找更加科学、合理、完善的策略造成了困难；其二是若在有限时间内无法做出应对，决策者将面临突发事件情景带来的不可接受的后果和失职问责的双重压力。这要求决策者在进行临机决策时需要具备以下素养：①善用决策支持迅速制定对策的能力；②稳定的心理素质，在压力下保持理性思维的能力；③临机决策的效果可能不尽理想，但能够争取时间为后续的操作创造机会；④重点跟进实施效果，及时补充修正措施。

本章小结

本章在“情景-应对”决策行为分析框架基础上，针对以实验方法生成突发事件情景这一支路，论述以应急演练为载体的实现方法，为框架内的具体分析方法解决样本来源问题。

应急演练是应急管理中常见的社会活动，同时对社会实验也具有良好的适配性。本章首先对将应急演练纳入框架作为生成突发事件情景的方法并支持决策行为分析的可行性进行了论证，在理论层面上从包含决策行为分析的情景变量、满足“情景-应对”、变量可控、样本稳定可靠以及支持扩展和重复实验等五个角度进行了论述；在组织层面上从组织难度、人力资源和资金保障等三个角度进行了阐述；此外还从成本和风险控制以及附加的积极效应等方面进行了补充论证，最终结论认为应急演练是进行应急决策行为分析的良好载体。本章第 2 节详细论述了在桌面演练中如何生成情景、决策过程、决策者等三个自变量，并讨论了控制变量的方法；本章第 3 节对决策变量进行了重点论述，阐述了桌面演练中可生成的全局性决策、困境决策以及临机决策等不同类型的决策。通过本章后两节的论述，完成了应急演练与决策行为分析框架在变量生成与控制的融合。

本章内容满足了以演练为情景来源的决策行为分析对样本和数据的需求，为后续的各类具体研究奠定了基础。

第 3 章

决策者的个体决策行为

如果说决策行为研究探究的是人“如何做决策”，那么应急决策行为研究探究的则是“如何做应急决策”或者说“如何在应急态势下做决策”。与经济、政治、军事、企业管理等传统的研究领域不同，应急决策行为既不是投资与收益的博弈，也不是人类社会中双方或多方的竞争与对抗，而是人类在不可抗力下被迫的、不能弃权的自救行为。排除突发事件中个人的避险与自救，本书研究的是由极少数人代表受突发事件影响的全体人做决策时的行为规律。受体量限制，本章及其后续章节主要对拥有最终决策权的决策者个体的决策行为进行讨论，这种决策行为在表现形式上具有一些相对固定的步骤和模式，利用桌面演练可以对其进行模拟和重建。

3.1 研判行为及演练实现

3.1.1 认知

研判包括认知和判断分析两个主要部分。其中认知描述的是决策者对情景信息的接收情况[144]，具体表现为当信息通过媒介渠道到达决策者大脑后，决策者是如何处理的，如识别了哪些信息，忽略了哪些信息，关注了哪些信息，以及如何对已接收的信息进行分类、解释和储存。其中，被识别的信息才会被进一步处理；被忽略的信息将无法参与决策的后续过程；被关注的信息经过了决策者的一次加工，以确保在后续决策中不容易被遗忘和丢失，更有机会成为刺激决策者做出决策应对的因素；信息的分类提供给决策者在做相应决策时联想的范围和信息调取的路径；为便于管理，决策者可能对某些信息进行解释，这也是一种加工行为；解释后的信息更有可能取代原信息被储存和分类。在"情景-应对"下，认知是决策者产生决策行为的关键，能否在有限时间内完成认知、对重要信息进行识别、对模糊信息进行标注、过滤冗余信息以及对信息进行有效储存和调取等都是描述决策者认知方面的行为特征。在演练中，如果需要观察决策者对情景信息的认知，可以通过信息传报等演练任务要求参演决策者复述或归纳整理其收到的信息。

3.1.2　判断分析

判断分析是决策者对已接收的情景信息做出的反应，是"情景-应对"在决策者大脑中的一次作用。但判断分析并非一次性即可完成，也不仅是决策者的心理活动，这个过程可能通过与外界的互动不断更新，直到生成一个相对稳定的结论[145]。在这个阶段中，决策者需要根据情景信息尝试解答以下问题：

(1)是什么。包括对情景信息轻重缓急的定性，对既成损失、潜在风险、发展态势及其他重要特征的判断等。

(2)做不做。包括判断是否需要应对、应对的主体等。

(3)做什么。即明确需要解决的问题。

(4)怎么做。包括了解解决上述问题需要的资源、当前可用的资源、获取可用资源的途径、当前可行的措施与方法以及获取措施与方法的途径等。

(5)期望与底线。包括明确期望得到的效果、可接受的效果以及不可接受的效果。

(6)后果预测。包括预测情景应对后各种可能的后果以及再后续的应对方法。

(7)总结或提问。总结上述问题的回答,或提出解答以上问题仍需补充的信息等。

3.1.3 演练实现

在演练中,通过陈述研判结论或小组会议等形式,可以观测到决策者对信息的判断分析情况。通过观察决策者的研判行为,分析其研判行为中的特征、规律或模式,诊断共性问题与不足,为决策者研判能力的提升和培养提供有针对性的依据和建议,并为探索更加有效的信息传递方式提供思路。

3.2 建议采纳及演练实现

在应急实践中,3.1.2 节所述判断分析中的问题与解答,并不依靠决策者逐一完成,而是在决策者接收报送的情景信息时,往往伴随着相应的初步研判结论,这类结论通常是基于情景信息进行的概况总结和简单推导,理性和客观程度较高,有助于决策者快速完成最终的研判。但并不意味着这种辅助过程可以替代决策者的研判分析,决策者需要对是否采纳这些初步研判结论做出判断,如不采纳则仍给出自己的研判结论。除了研判阶段,决策者在制定对策时将面临更多的相关意见和建议(以下简称“决策支持”)。如前文所述,拥有最终决策权的决策者可以通过排除非己的意见而使应急决策完全成为个体决策，这种情况显然与应急决策应保持理性的期望相悖[146]。虽然在实践中这种极端情况发生的概率较小，但在当前决策支持普遍应用且发挥越来越积极作用的背景下，鉴于决策者对决策支持的态度可以影响最终决策，因此有必要对决策者在建议采纳过程中的行为做细化和深入的了解。

3.2.1　应急决策中的理性回归

西蒙提出的有限理性说修正了传统的完全理性假设，该理论对决策研究影响至今。在决策中，风险的未知、信息的不确定和不完备以及事件的复杂性等造成的认知局限是制约实现完全理性的客观因素；决策者的性格、偏好、习俗、经历、信仰等个体差异是制约实现完全理性的主观因素；此外决策时情景带来的压力还会作用于决策者的心理，这进一步叠加了在完全理性假设下的决策偏差。然而值得注意的是，有限理性说虽然强调对理性的限制，但不能因此排除和否定决策中仍存在的理性因素。特别是对于应急决策，与消费等日常风险型决策行为不同，应急决策是在决策者具有“不得不解决问题”的强烈目的和意愿下进行的决策。影响决策的心理动机由偏好导向的“喜欢用怎样的方式解决问题”转变为压力导向的“用怎样的方式才能解决问题”，在这个转变中，决策者主观“任性”的空间受到了压制，影响和支配决策的主观感性因素向客观理性因素让渡[147]，主要包括：

(1)决策者可以看作是受突发事件影响的全体社会成员将以“解决问题，消除影响”为应对目标的决策权集中并委托的“受托人”。因此在应急决策中，决策行为是决策者个体产生的，但决策不是。决策的目标、满意度的设置以及后果的承受都是全体大众的。基于此，只要突发事件的情景确定，决策的目标和满意度设置就已确定，不因“受托人”的改变而改变。

(2)决策者并不能简单地抽象为社会人或自然人。如前文所述,突发事件应对的决策者是社会中一个特殊的群体,这意味着能够进入这个群体并在突发事件应对中担任核心角色的决策者,其基本素质和能力以及经历、受教育程度乃至某些性格和心理因素都已经提前经过了筛选和限定,该群体内的决策者之间个体主观因素的差异较社会大众间的平均水平已大大压缩。

(3)突发事件应对不是由决策者独立完成的。首先,信息的收集和处理由专门机构的大量工作人员利用各种渠道和手段完成,受突发事件的特性影响,虽然信息的不确定性无法消除,但基于保障决策的理性逻辑,至决策者处的信息应为当时条件下最全面和最准确的。其次,信息对应的是决策者身份,即决策者个体的更改不会影响决策的信息质量。最后,虽然决策者个人需要通过心理活动完成研判过程,但对于最终决策而言,研判势必经由群体讨论、决策支持等以最大限度地保障其结论的合理性与科学性,因此研判过程中的决策者主观因素也被理性因素取代[148]。

以上提到的理性回归过程在决策者进行决策制定前已经完成,下面详述后续决策过程中的理性因素。

3.2.2 应急决策中的理性因素

在应急决策中,收益不是利益回报,而是对问题的解决,可形象化地理解为对既成和预期损失的挽回。对于日常决策的评价,其成败既取决于收益和成本的关系,又与决策者的心理预期相关;而应急决策则以追求最大程度的损失挽回即对问题最大程度的解决为目标,以可接受的最低程度为底线评价其成败。而对于如何确定收益的评价判定标准,是决策者在研判阶段应完成的工作,因此到决策制定阶段,影响决策的因素主要是对成本和风险的权衡。

成本包括实施决策时需要的人力、资源、时间、经济、社会等各方面有形、无形的投入和代价，其中投入是为保障决策实施而做的主动性动作，而代价则指应对完成后情景中的实际损失与期望的圆满解决问题状态下的损失之间的差距。投入和代价越大，成本越高，决策者的选择倾向程度越低。但应急决策的成本中有些项目无法量化，因此成本是不确定的，既不能提前预算也无法即时核算，需要决策者在具体情景中评估判定。决策的成本限于公共利益范畴，决策者个人的身体健康等损耗与其如何做出决策的关联不大，因此不计入成本考虑范围。

风险则需包括公共风险和决策者个体风险。其中公共风险方面，根据经典风险理论至少应包括可能性和严重程度两个维度：可能性用成功概率描述，指决策实施后产生收益的可能性，成功概率越大，风险越小，决策者的选择倾向程度越高；严重程度用失败损失描述，指决策失败，即问题未能解决后情景中的实际损失，失败损失越大，风险越高，决策者的选择倾向程度越低。个体风险方面，主要以决策者承担的问责压力为标准衡量。如前文所述，决策者身份的获得源自职务，决策者的决策行为是职务行为，虽然同时也是受突发事件影响的个人，但其决策时所承担的压力仍然主要出于职责[149]。问责压力按对决策者的影响程度分四个压力区间，如图 3-1 所示。可接受区指决策者承受的压力限于职务内而不影响其个人发展，是决策者普遍可以接受的压力区间；随着问责压力不断增加，一旦对个人发展构成威胁，决策者的决策压力陡增而进入危险警戒区，决策者对该决策的选择倾向程度将大幅降低；当问责压力继续增大到威胁决策者职业生涯时，进入决策者普遍不可接受的压力区间，在没有极端特殊的其他条件配合下，决策者将放弃选择该决策；当问责压力继续增大，其极限值将突破决策责任区进入其他法律问责区，此区间为决策者的压力禁区。

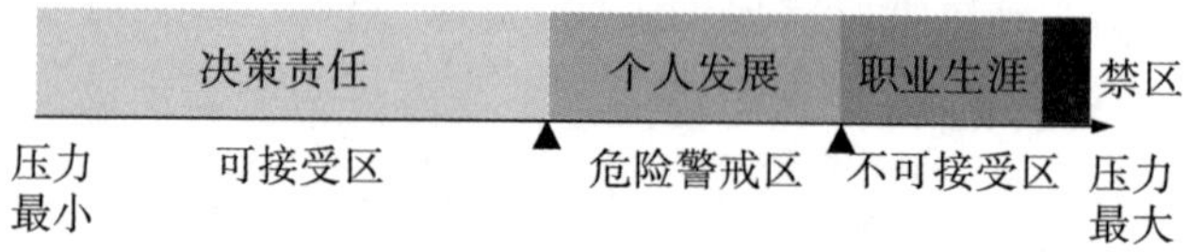

图 3-1　决策中的个体风险

除决策本身的成本和风险外，在不考虑其内容的前提下，决策支持的一些其他属性自带对决策成本和风险的调节能力，也对决策者的态度产生影响[150]。其他属性主要包括：①来自权威专家或机构，基于一般的认知，该属性对预判决策的成功概率有正影响，同时可减轻决策者的问责压力[151]（另外，拒绝接受权威建议将极大地增加决策者的问责压力）；②来自主管或相关部门，该属性对决策者有分担问责压力的效果；③有科技支撑，该属性对预判决策的成功概率有正影响；④实施难度，影响实施难度的因素包括实施的复杂程度以及现实中的阻力等，该属性与成本成正比，难度越大成本越高，反之亦然，同时该属性如果存在阻力因素还会影响成功概率和问责压力；⑤支持和反对意见，该属性与决策者的问责压力有关，支持意见与问责压力成反比，反对意见与问责压力成正比；⑥程序正义，该属性也与问责压力相关，决策支持的内容有法律、法规、程序、先例等保障，决策者的问责压力将减轻。图 3-2 是决策者在制定决策以及面对决策支持时以客观因素为主、主观因素为辅的理性思考模型。

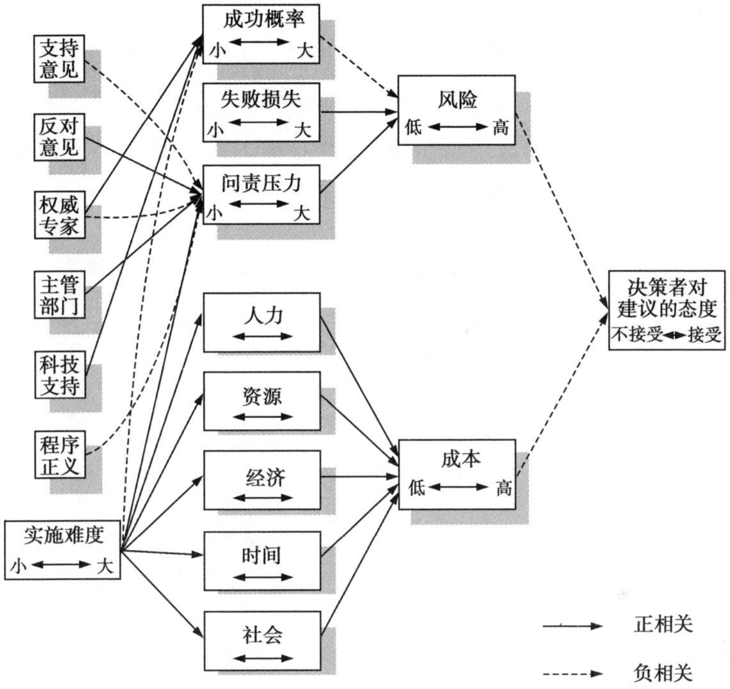

图 3-2　决策者在制定决策及面对决策支持时的理性思考模型

需要强调的是，上述分析中的问责压力等与决策者的主观因素相关，但主观因素和理性因素并非天然对立，上述分析是基于决策者身份逻辑思维下的一般性合理推测，同样不因决策者个体的改变而改变[152]。下文对决策者面对决策支持时的心理选择过程的分析亦然。

决策支持的根本作用是为解决问题服务，与决策者的目的和意愿一致，因此理性的决策者没有以排斥决策支持作为预设态度的心理基础，但同时也不能推断决策者以接受决策支持为预设态度直接进入上述评估建议的过程。自决策者收到决策支持至做出采纳与否的决定，对建议的理性评估只是影响其态度的中间一环，是否采纳还需通过各种复杂的前提进行分析，而这些前提也是客观存在的，与决策者的主观心理因素无关，包括决策者是否已经有对策、时间压力以及建议的数量等。

图 3-3 是决策者在上述复杂前提下，通过分析各种可能性形成对决

策支持态度的过程。如图 3-3 所示，对建议的理性评估仅当决策时间压力不大时才能触发，在时间紧张甚至没有决策时间的情况下，除了对任何决策者而言都不易出现判断偏差的客观事实外，主观心理因素也对决策者的态度发挥了作用。也就是说，这些心理因素导致了不同决策者之间决策行为的不同，下节将对此进行详述。

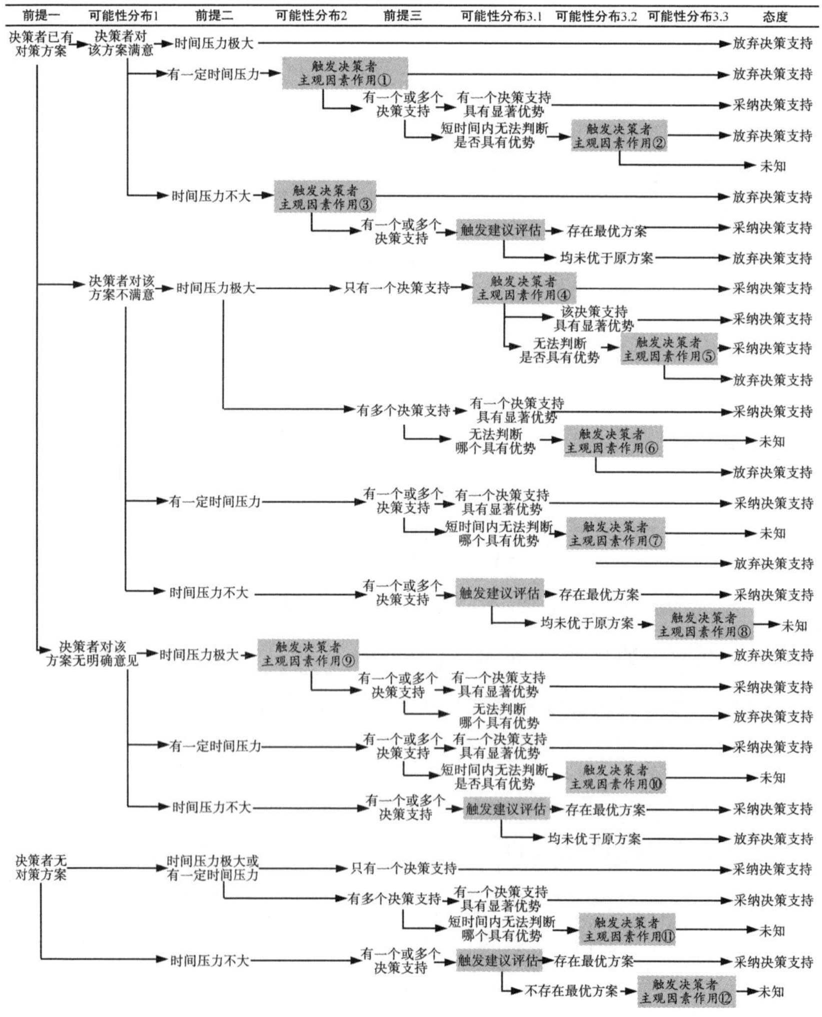

图 3-3　决策者对决策支持态度的形成过程

3.2.3　建议采纳中影响决策的主观因素

如图 3-3 所示，决定“前提一”可能性分布的是决策者对已有对策的满意度评估。获取对策的渠道、群体意见、基于现实或理论的论证以及其他决策支持对该对策方案的意见都可能影响决策者的评估。受此多重因素影响，不同决策者在对策满意度评估方面可能出现差异，这会影响决策者后续心理路径的走向而导致最终态度的误差。但同时，除决策者自身对已有对策的个人意见外，其他的影响因素对决策者而言都属于不以个人意志为转移的客观因素，只有当这些因素之间出现矛盾时，决策者的个人主观判断才会发挥比较重要的决定性作用；而当这些外部因素共同指向明确时，会对决策者产生较明显的倾向性影响，虽然不能排除决策者不受其影响的可能，但结合现实考虑，由此环节造成的误差是可以接受的。此外，已有对策在没有其他决策支持挑战的情况下将成为最终决策，代表决策者的意志或者认同，因此在后文的分析中不再考虑已有对策的来源，而是将其视为决策者的意见。

如前文所述，决策者不会预设排斥决策支持的立场，这是指决策者不会在未考虑任何其他因素的前提下就表现出不接受建议的态度。但当具备一定的条件时，不同决策者的态度开始出现差异[153]。如图 3-3 所示，在“决策者主观因素作用”的①③⑨等条件下，有决策者以不突破理性决策为底线，表现出明显的“选择己方”的倾向，以及在不利的“决策者主观因素作用”的⑤⑥⑦等条件下，仍有决策者选择放弃决策支持；还有一类决策者与之相反，除非受到理性逼迫，否则在“决策者主观因素作用”的④⑤等条件下，即使不判断决策支持优劣也接受建议，表现出明显的选择建议的倾向。而影响不同选择倾向的心理因素是决策者对自我判断的肯定认同，即自信[154]。

并非所有的决策者都以自我或决策支持作为主导选择倾向的因素。

如前文 3.2.1 节所述,应急决策是压力导向的,在对决策支持的理性思考模型中,对决策者态度影响最大的主观因素是问责压力。决策的目标从追求公共利益出发强调决策效果,决策者作为理性的“受托人”在决策时需要遵循该目标,而决策者自身还有降低问责压力以保护个人利益的诉求。当对策或者决策支持能够同时满足以上两种诉求,对决策者而言是最优解。

但在决策中可能面临以下情况:①所建议的对策有较高的成功概率和良好的预期效果,但其实施成本高,且没有相关法律政策支持;②所建议对策的预期效果在能接受的底线以上,且决策者处于图 3-1 的问责压力安全区(可接受区)内,但同时还存在提升对策预期效果的空间。在示例中,如果决策者没有以“自我-决策支持”作为态度倾向主导其做出选择,那么对两个出现冲突的利益诉求的选择倾向将影响其决策行为。

除问责压力以外,如图 3-3 所示,时间压力也是影响决策者态度的重要前提。应急决策有追求快速应对的基本特征,追求时效性与追求决策的效果和质量形成了客观的对立,在面对决策建议时,如果决策者没有以“自我-决策支持”作为态度倾向主导其做出选择,同时也不存在公共利益与个人利益的冲突,那么对决策效果和质量的选择倾向将成为影响决策者决策行为的主导因素。在图 3-3 中也有证据支持该分析。在“决策者主观因素作用”的①④⑥⑦⑨等条件下,有一类决策者总是倾向于选择那些较为简捷的决策路径,而不介意在接受或放弃决策支持的态度上摇摆;与之相反,在“决策者主观因素作用”的②条件下,有决策者即使在已有满意对策且存在时间压力时仍试图继续在建议中挑选,是否接受建议的最终态度未知,但这种不惜耗时的决策行为可能的理性原因是决策者在寻求最优解。

3.2.4 建议采纳中的决策行为导向模型

与决策者在研判阶段可能呈现散布式的行为特征不同,决策者的态度是有倾向性的，因此可尝试构建行为模型对其进行描述和解释。该模型描述决策者面对单一决策支持时的态度，以心理因素为轴构建模型框架，其中以自信为横轴，以压力感知为纵轴。横轴左右两端分别以决策支持和决策者代表自信程度大小的两个极端，自信程度越高，越倾向于选择己方意见，自信程度越低，越倾向于接受决策支持。

纵轴表示的是决策者的压力，在上文分析的两组对立矛盾中，问责压力和时间压力都与决策效果对立，因此纵轴的上下两端既代表问责压力大小也代表时间压力的大小。由此，在横轴的上方描述那些为追求优化的决策效果而愿意承受问责压力或不惜耗费更多时间的决策者，称之为以优化决策为导向的决策者；横轴下方描述那些为缓解问责压力或争取尽快做出决策而牺牲一定决策效果的决策者，称之为以顺利决策为导向的决策者，如图 3-4 所示。

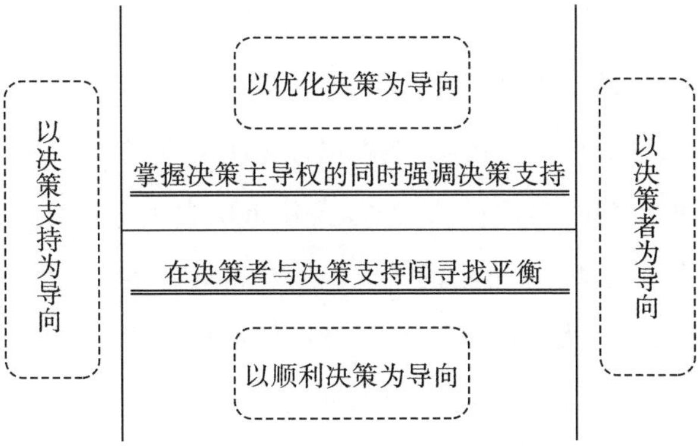

图 3-4　建议采纳中的决策行为导向模型

与横轴上简单的由自信程度决定选择接受还是放弃建议的决策者不同，纵轴上的决策者，影响其在自我和决策支持间进行选择的心理因素更为复杂。以优化决策为导向的决策者，基于与决策支持一致的立场，通常表现为亲决策支持的倾向，而选择承压的动机不是为了将自己置于险境，而是相信自己的判断将导致不利后果的概率不大，这也是自信的表现。以优化决策为导向的决策者是否采纳建议，取决于建议是否具有优越性。以顺利决策为导向的决策者对决策本身的效果在理性的前提下没有更多的追求，其在决策中扮演了调和者的角色，即使被调和的一方中包括自己，决策者仍然可以以中立的、保证迅速安全地做出可行的决策为原则做出选择。

需要说明的是，无论哪种导向的决策者都是以做出理性决策为前提的，不同的导向是在理性因素无法发挥作用的情况下才会触发，而正是这些主观因素的导向作用才使决策者出现决策行为上的差异。但导向模型不能解释所有的决策行为，在图 3-3 中，还有一些主观因素导致了决策者未知的选择，本书将其解释为服从偏好。

所谓服从偏好，指影响决策者选择的权重最大的因素。服从偏好是决策者的个体属性，是无限集合，本书根据应急决策的特点，提出权威、现实、理性和压力等四个主要偏好。具体而言，权威偏好指决策者倾向于选择专家意见或专业部门的建议；现实偏好指决策者倾向于选择最有可能或最容易付诸实施的建议；理性偏好指决策者倾向于选择经过充分论证或有证据支持的建议；压力偏好实际指压力规避偏好，即决策者倾向于选择决策风险低、压力小的建议。服从偏好的类型与决策者的行为模式有一定的关联，如压力偏好可能在以顺利决策为导向的决策者中占主流，而以决策者为导向的决策者也可能会向现实或理性低头。但服从偏好与纳谏行为模式既不是对应的也不是对立的，在不同的情景下，何种因素最终决定决策者的选择是无法预测的。

3.2.5 演练实现

关于决策者的纳谏行为，演练提供了良好的观测平台。首先，通过演练设计可以预制内含不同特性的决策支持，如专家建议、论证报告等，统计决策者的选择即可获取与服从偏好相关的数据。其次，决策者是否接受了决策支持以及接受到何种程度也是可得的。最后，研究者还可关注决策者在演练过程中是否存在主动寻求支持的行为等。

3.3 纠错行为及演练实现

如前文 3.2.2 节所述，决策者对决策支持做的采纳与否的判断，其间经历了一个复杂的心理过程。前文论述了对决策支持的选择与认同，而现实中并不一定有完美的决策支持选项供决策者选择，很多情况下需要在现有决策支持的基础上再对其进行优化完善以生成最终的决策。这个优化的过程涉及去伪查漏。本节标题中的“错”并非一个严格的概念，而是指代决策支持中那些不能适用于最终决策的问题和漏洞。决策者能否发现决策支持中的问题与不足以及如何对待、处理它们，是本节要讨论的决策行为（纠错行为）。本节主要从四个方面考察决策者的纠错行为。

3.3.1 发现问题

决策者作为组织者和管理者，难以具备独立做出成功应急决策所需的全面且专业的知识和能力，而决策支持之所以能够为决策者的决策提供支持，很大原因在于其专业性和可靠性，因此，决策者发现决策支持中的问题和漏洞似乎是一个伪命题。然而，决策者作为应急活动中各类信息的汇集终端，拥有决策支持端难以比拟的信息量和全局视野。首先，足够的信息量是决策能够有效应对情景的关键，信息不对称是决策者能够挑战决策支持的一大原因。其次，决策者对整个应急活动负责，寻求的是全局最优解，而决策支持为其相关问题负责，寻求的是局部最优解。局部的最优方案放诸全局未必有最佳的效果，甚至可能引发次级负面作用。责任不对等决定了决策者须对决策支持进行系统层面的二次评估。

决策者对决策支持的质疑包括两个层面：一个是好不好用的问题，另一个是能不能用的问题。前者指决策支持本质上没有致命问题，但在应对效果方面可能不是最优选；后者指决策支持存在偏差和缺陷，不能完成对情景的应对。在现实中，决策支持自带专业性和可靠性等属性且通常经过论证，这可能使决策者产生思维定式，将对决策支持的评估局限于适用性的层面，而跳过了对其本质缺陷的评估，甚至即使发现问题也无法打破定式去确认，由此引出下一个方面。

3.3.2 提出问题

发现决策支持中的问题，是一个与外界无关的内心活动。只有通过决策者的行动和表达将发现的问题提出从而触发相应的外界反应，纠错行为才对应急活动产生实际影响。如果说发现问题的能力与决策者的大局观、宏观和系统思维以及其对信息的有效运用等能力相关，那么是否提出问题则主要与3.2.2节中所述的态度相关。以纳谏行为模式为例，以决策支持为导向的决策者不易发现问题，更不易提出问题；以优化决策为导向的决策者则可能更愿意挖掘并提出问题。决策者是否会提出问题还与决策者的思维方式以及自信、责任感、承压能力等心理因素有关。

首先，不论哪种行为模式下的决策者都有可能提出问题，且更可能存在于那些遵循唯物辩证法、拥有科学精神以及自信程度更高的决策者中。

其次，引发一个外界反应，意味着决策者要承受这个相关的反应，是否愿意承受这个反应将会影响决策者是否愿意提出问题。因为要有效地提出问题，有时不仅需要给出结论，还须附带说明原因，这一过程势必将决策者的内心活动对外展示同时接受评判，自信在这一点上发挥了重要作用。

再次，决策者的责任感和风险意识是支撑其提出问题的又一动因。

特别是当发现决策支持出现本质缺陷,如果不提出并修正可能导致决策失败从而对应急效果产生严重威胁时,自信这种个体层面的心理约束可能被打破。

最后,决策压力则对决策者能否提出问题起抑制作用。决策者提出的问题并非都是真问题,作为个人当然有判断失误的可能。但是只要决策者提出了质疑,就必将引发对该问题的处理,而这个处理的过程可能不是短时的。时效性在应急活动中至关重要,特别是应对前期,时间窗口造成的压力制约着应急决策和应急行为。一旦决策者的质疑不成立或因为质疑占用了紧张的时间资源,决策者将面对巨大的责任压力。事实上,一旦决策者提出问题就须为其纠错行为承担责任,特别是当修正后的决策在情景应对中的效果不理想时。

3.3.3 处理问题

当决策支持中的问题被决策者发现并提出时,处理和解决问题的工作将不再是决策者单方的行为,但受决策者如何安排的影响。一般地,决策者提出问题的同时会说明原因。根据决策支持涉及的领域和相关问题的具体情况,决策者可能选择退回不采纳决策支持,也可能向支持方附带修正意见以便再修正,还可以通过组织论证集体解决问题。在以上几种情况中,问题的去向及解决主体和途径不尽相同,都属于较为常见的形式。除此之外,还有一种特殊的处理方式,就是决策者不经讨论直接对问题进行修正并作为决策发布,这样做的前提通常是时间压力极大,必须采取非正常的流程才能完成决策。在这种情况下,处理问题的工作不仅是决策者的个人行为,而且也是对本节所述决策者在纠错行为中所需调动的各项能力和素质的集中检验。

3.3.4 边界与分寸

本小节主要讨论纠错的尺度。决策者是否需要对所有的决策支持都进行审核评估呢？在发现问题中，讨论的是决策者挑战决策支持的客观可能性，但这并非在任何领域对任何问题都适用。决策者可以通盘考虑、评估某建议、意见的适用性，或者根据掌握的最新情况做出某建议已不具备可行性的判断。但是对于专业知识、技术，特别是一些存在行业“壁垒”的高精尖领域，决策者在因不理解等导致无法有效应用决策支持时求助进一步的解释说明，比质疑决策支持本身更有意义。另一种情况是根据全局规划对某个领域、某项工作提出了目的明确、要求具体的支持需求，在已解决了局部对系统适配问题的前提下，直接采纳决策支持显然更为高效，即“专业的事让专业的人做”。已知启动质疑必然导致时间和决策资源的损失，因此要求决策者对纠错的必要性以及纠错可能对应急活动的价值与回报即性价比的影响提前进行评估，特别对一些不影响决策的细节或形式问题的质疑尤应慎重。

3.3.5 演练实现

在应急实践中较难捕捉到决策者纠错行为的典型样例，但在桌面演练中通过设计决策支持中的缺陷与漏洞，可以将这一行为放大。根据本节相关论述，研究者可以选择不同的观测角度并通过演练实现对决策者纠错行为的观察与研究。决策者是应急决策作用于情景前的最后一道审核线，关乎决策系统的可靠性，即使纠错行为既不期望也未必在实践中频繁启用，但应确保该机制在必要时能够触发从而保障决策效果。

3.4 决断行为及演练实现

如图 3-3 所示，应急决策在完成了研判和策略制定后需要通过决策者确定本次决策的最终结果并组织实施，在决策者确定前，决策都是待定可变的且不会对应急效果产生实际影响。在一次决策的最后环节中，决策者的作用可大可小,小至可以作为集体决策的签发人仅发挥程序作用,大至如前文所述应用最终决策权改变既定策略。对于全局性和一般性的局部决策,当情景经过了充分地研判讨论,并形成了相对集中且争议较小的应对策略时,决策者在做出决定阶段的压力较前期得以缓解。而本节所称决断是在决策压力较大的情况下,即使经过研判仍无法获得满意的策略,但情势所迫若不及时采取措施将有更为严重的后果的情势下决策者做出决定的情形,典型的体现是在困境决策和临机决策中,决定阶段决策者的压力较前期陡增。

决断应与决策者做出决定时的另外两种情况区分。一种情况是武断,指未经充分和必要的分析研判或者讨论,仅凭决策者的个人意愿过早地做出决定。区分武断与决断的关键是研判的充分性及其与时间窗口的配合度。在时间窗口尚未关闭,研判仍有机会取得成果的条件下,决策者终止研判做出决定的行为属于武断;而如果迫于时间压力即使研判仍未有满意的结果,也不应认定决策者的决定属于武断,否则将导致另一种情况——犹豫不决。在决策中研判和犹豫在表现形式上差不多,但却有正反不同的效果。研判对决策是必要的,而犹豫可以理解为过度研判或无效研判,不仅无法获得更多有价值的成果,而且会造成时间的必然浪费。导致决策者犹豫不决的原因主要是:在没有得到满意策略的情况下,决策者倾向于通过继续研判寻找更多可辅助选择的依据,同时担心确实存在某方面支持做出某种策略的因素,但在决定前没有考虑到而需要承担的决策失败责任和不愿接受的效果。

区分研判与犹豫也有两个标准:一是研判短期内已无法生成新的策略,二是时间窗口即将关闭。当这两者具备其一时决策者仍希望继续研判而无法做出决定,即可认定为犹豫。决断时的压力主要来自决策实施后的不良反应对决策者产生的一系列需要其承担的负面责任,那么如果可以有效抑制这种不良反应,决策时的压力就会减轻,因此可以通过补充后续保障措施来转移决策者决断时的压力。在困境决策和临机决策中,排除武断的干扰,对应急活动更为重要的是做决定而不是做了什么样的决定。

通过演练,可以观察决策者在临机决策中、困境决策中是否存在决断困难的情况,并根据其具体表现,研究相应的对策,这对应急实践意义重大。

本章小结

在前一章以应急演练为载体解决了样本来源问题的基础上,本章为面向决策者个体决策行为的研究提供了理论支撑、梳理方法思路,对决策者决策行为中的四种典型行为及其演练实现分别进行了阐述。

3.1 节针对研判行为讨论了认知和判断分析两个阶段中决策者的心理活动,并结合演练阐述了观测和获取数据信息的方法,同时提供了相关的研究角度。3.2 节对决策者的建议采纳行为进行了详细论述,认为决策者虽然是有限理性的,但应急决策中的理性因素与其他类型决策相比权重更大;在讨论了应急决策中的理性因素和影响决策的主观因素的基础上,以自信为横轴,以压力感知为纵轴建立了决策者在建议采纳中的决策行为导向模型,根据模型可知决策者中存在决策者、决策支持、优化决策和顺利决策等四种行为导向。3.3 节针对决策支持中的问题与不足,论述决策者如何发现、提出与处理问题,并对决策者在对决策支持进行审核时的边界与分寸问题进行了讨论。3.4 节重点讨论了在困境决策和临机决策中面对决策压力时决策者的表现。

本章的论述充实了基于演练的应急决策行为分析中个体决策行为分析的理论基础。

第 4 章

建议支持下的全局性决策行为分析方法

依托桌面演练可以实现多样化的应急决策行为研究，该研究作为一个多学科交叉的新领域，相关的研究方法尚未建立也难以形成既定的范式，要求研究者根据具体研究目的和需求创造性地探寻适用的研究方法。本章以建议支持下的全局性决策行为研究为例，从作用机理到样本数据提取，建立分步详述的决策行为分析方法。通过该方法可以实现对不同类型决策者的决策评估。

4.1 建议支持下的全局性决策变量间的作用机制

建议支持下的全局性决策是在决策行为分析框架下利用桌面演练建立的一种应急决策模式。设置决策者角色为具有最终决策权的指挥长；情景设置选择影响范围大、破坏力强、需要启动一级响应的非常规突发事件为背景；决策过程采用建议草案作为决策支持，不设小组讨论，由决策者根据情景参考决策支持独立完成决策；要求决策对应急活动完成全局综合部署。因在演练中不再设置决策对情景的反馈，根据决策行为分析框架给出的情景、决策者、决策过程和决策等变量间的作用机制，在建议支持下的全局性决策模式下，将这四个变量间的关系变形具化为图4-1所示形式。

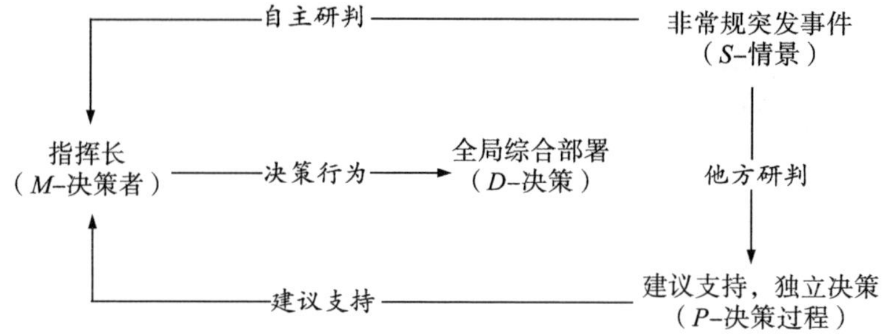

图4-1　全局性决策模式下的变量间的关系

在四个变量中，情景变量 S 和决策过程变量 P 均来源于演练设计，是已知量；决策变量 D 产自演练成果，是可观测量；决策者变量 M 是利用演练在决策者群体中对合格参演人员进行筛选，将其职务、职位、教育、经历、性别、年龄等次级变量设为控制变量，通过扩大样本和增强样本随机性等方式可稀释决策者个性化因素的干扰，受控后的决策者变量保留两个特征：一是具有区别于其他群体的行政能力和职务级别（实际中），二是在应急响应中拥有最高决策权（演练中）。因此，该研究的目的是发现和归纳决策者在非常规突发事件应对中担任指挥长并根据建议草案独立完成全局性决策部署时的一般行为规律或特定行为模式。行为规律是内在抽象的，但决策者在行为规律或行为模式作用下，会呈现一定的决策行为特征。也就是说，对决策行为的观测是求解决策者行为规律的路径。决策行为包含内容和形式两个层面，即做了什么和如何去做。内容层面可由最终决策的内容体现，影响该内容来源的因素共有三个，即情景信息、建议内容和决策者的自有储备，其中决策者的自有储备受控，因此主要考虑情景信息和建议内容。决策数据与信息的相关性反映了决策者对突发事件情景的自主研判能力（解1）；决策数据与建议的相关性反映了决策者对建议的采纳程度(解 2)。形式层面可由决策者在建议草案上的批阅手迹体现,通过提取手迹中的修改行为数据,可以反映决策者在应用建议支持做决策时的态度(解 3)。通过这三个解可以表征决策者的决策行为,从而实现研究路径的闭环,如图 4-2 所示。

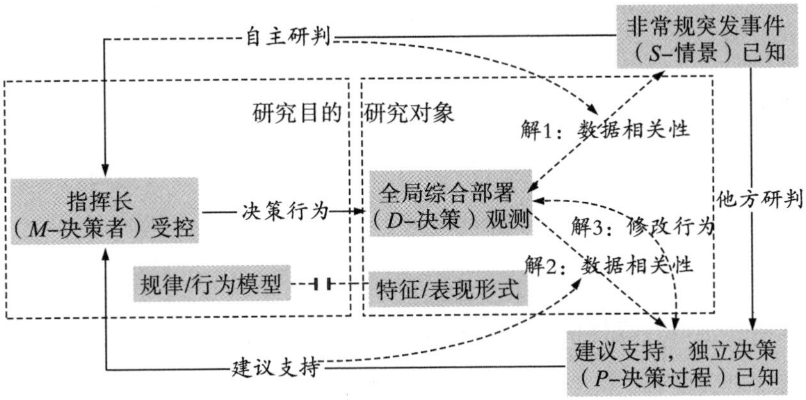

图 4-2 建议支持下的全局性决策作用机理

4.2 样本数据的提取

4.2.1 决策数据

突发事件应对是以实施为媒介将决策作用于情景的,作为实施的前提和指南,任务部署是一个决策能够被执行并产生期望效果的必然形式。即使某决策的核心价值在于对情景或态势的认识和判断,但也应附带相关要求,否则将成为通知、公告等不以执行为必要的行文。根据不同的情景,决策的本质既可能是一个或多个任务的无序集合,也可能是多个任务的有序集合,即任务链。

任务是决策的基本单位,但在表现形式上决策以非结构化的语言文字为载体,一个任务的表述需要使用少则十几个字,多则数十甚至上百个字，占用的大量文字的功能是实现任务的语言表达而非用以描述任务要素，冗余文字会给与决策相关的研究带来诸多不便。此外，不同的决策者可能对同样的任务有不同的表达，特别是在演练中，同一角色位置上可能有多个决策者做平行的决策，若不将相同的任务从不同的语言表达中以结构化的形式提取出来并处理为同一数据，决策间的分析比较将难以进行。

要将决策文本准确处理成可识别的任务数据集合，首先需要明确任务包含的要素，并掌握要素间组合的结构。决策是对情景的回应，因任务是决策的基本单位，所以称被回应的情景为任务的"对象"；此外任务还包含指导如何行动的"措施"以及执行的"主体"，以上三者构成任务的基本要素。但在具体的任务结构中，并不需要包含完整的三要素，也可能出现其他要素。

首先，在对情景的直接回应中，一旦任务对象明确，通常相应的实施主体也随之明确，因此可以省略"主体"这一要素，使用"对象"和"措施"两个要素即可构成含义明确、指向清晰的任务。特别地，对于全局性决策，在与"对象"相关的任务中，"措施"这种细节化要求的适用性并不强，更为常见的是对行动最终效果的强调，即仅要求"对象"实现或达到期望的"状态"，而具体措施如何制定则是下级执行层应重点考虑的。

其次，执行任务还可能是为回应情景做准备，因此不含"对象"要素而主要面向"主体"以及相关的"资源"。"资源"在这里采用广义的概念，指代一切可调动的、能为应急活动服务的形式，包含但不限于人力、资金、物资、技术、能源、装备、渠道等各种形式。其中人力资源与"主体"在指代应急力量和队伍时可能存在重叠，"主体"是决策任务的执行者，而作为"资源"时则是任务指向的客体，且在实际分析应用中不影响任务结构的拆分与理解。对于"主体"和"资源"，任务的内容以"要求"为主，指对"主体"与"资源"的调拨、调配、动员、部署等。

最后，还有一些特殊的任务形式，其执行主体面向全体应急人员甚至全社会，例如宣布进入紧急状态或启动应急响应或对应急行动的统一原则要求等，对这类任务不再规定其结构，可根据具体情况决定适用的结构形式。

在明确任务要素和结构的基础上，可以对决策文本进行结构化处理并提取决策数据：首先对决策中的任务要素和结构进行识别，过滤不包含任务的文字；然后从提取的内容中对应"主体""对象""措施""状态""资源""要求"等要素寻找特征词，再按照语言习惯将特征词组合成相应的任务结构；最后在保证各特征词之间词义区别度的基础上进行调整，完成任务的数据标准化。表 4-1 演示了对一份包含多个任务的全局性决策文本的数据提取。

表 4-1　包含多个任务的全局性决策文本的数据提取示例

决策文本	匹配结构	提取内容	寻找特征词	结构组合	决策数据
一要全力加强人员搜救。这是第一位的工作	对象＋措施	"人员搜救"	人员、搜救	人员搜救	人员搜救
二要千方百计救治伤员，需要转运外地的伤员要尽快转运	对象＋措施	"救治伤员" "伤员要尽快转运"	伤员、救治、转运	伤员救治 伤员转运	伤员救治 伤员转运

续表

决策文本	匹配结构	提取内容	寻找特征词	结构组合	决策数据
三要做好受灾群众的安置工作，确保满足受灾群众的衣被、帐篷、食品等需要	对象＋措施 对象＋状态	“受灾群众的安置”“确保满足受灾群众的衣被、帐篷、食品等需要”	群众、安置、确保、需要	群众安置 确保满足群众需要	群众安置 民生保障
四要高度重视防范次生灾害的发生，对病险水库、塘坝要加强监测，并采取措施确保安全	对象＋措施 对象＋状态	“防范次生灾害”“对病险水库、塘坝要加强监测，并采取措施确保安全”	防范、次生灾害、病险、监测、安全	次生灾害防范 病险监测 确保安全	次生灾害防范 病险监测 安防
五要加强震情监测预报和分析研判	对象＋措施	“震情监测预报和分析研判”	震情、监测预报、分析研判	震情监测预报 震情分析研判	地震监测研判
六要做好维护社会稳定的各项工作，切实维护灾区社会秩序	对象＋状态 对象＋措施	“社会稳定”“维护灾区社会秩序”	社会、稳定、维护、秩序	社会稳定 维护社会秩序	社会维稳

续表

决策文本	匹配结构	提取内容	寻找特征词	结构组合	决策数据
七要充分发挥基层党员干部的先锋模范带头作用，充分发挥解放军、武警部队和公安干警的突击队作用	主体＋要求	“发挥基层党员干部的先锋模范带头作用，充分发挥解放军、武警部队和公安干警的突击队作用”	党员干部、解放军、武警部队、公安干警、发挥作用	发挥党员干部作用 发挥解放军作用 发挥武警部队作用 发挥公安干警作用	力量动员
八要加强抗震救灾组织领导，坚持科学抗震救灾、依法抗震救灾、合力抗震救灾，有力、有序、有效地抗震救灾	原则＋要求	“加强抗震救灾组织领导”“坚持科学抗震救灾、依法抗震救灾、合力抗震救灾，有力、有序、有效地抗震救灾”	加强组织领导、科学、依法、合力、有力、有序、有效、抗震救灾	组织领导 救灾原则	组织领导 救灾原则

4.2.2　行为数据

根据图 4-2 可知，决策者在参考建议做决策的过程中产生了一系列复杂的心理活动：①对灾情的认知和自主的判断；②对建议草案的态度；

③最终的决定。这个内心过程在独立决策的条件下是无法被外界观察的，但通过演练可观察到。在参演决策者完成的决策样本中除有决策数据外，还保留了该决策者对建议草案的修改手迹，记录了决策者在决策过程中对情景与决策建议的思考，从中解析提取的相关行为数据是进行决策行为分析的重要支撑。行为数据的类型有修改方式和修改特征两种。

4.2.2.1 修改方式

(1)新增。指决策者在建议草案上补充、添加新的文字内容的行为。新增的内容可能是决策者对建议的直接补充，也可能是对删除内容的修改。由于决策者存在不同的书写习惯，特别是当修改次数多且修改量大时，难以区分某处的文字添加是基于补充还是修改，因此将“删除后添加”这种修改行为拆分为“删除”和“新增”两个行为以便于数据提取。需要说明的是，记入“新增”的修改均须涉及对决策数据的影响。新增行为在一份决策样本中以文字添加的不同位置为标准计次，不考虑每次添加的文字量。

(2)删除。指决策者在建议草案上删除原有的文字内容的行为。与新增行为类似，无论决策者是直接删除还是删除后又进行了添加，统一将所有文字删除的情况计为“删除”，并以在一份决策样本中文字删除的不同位置为标准计次，不考虑每次删除的文字量。删除修改同样也以对决策数据产生影响为前提。

(3)调序。指决策者在建议草案上对包含不同任务的文字块进行顺序调整的行为。如 4.2.1 节所述，决策中可能包含任务链，即不仅部署了多项任务，且基于对任务的重要性或执行的优先性考虑了对其进行排序。如果对建议草案中的任务排序进行了调整，即使不修改任何文字，也是决策者对建议的重要修改。需要说明的是，调序不包括那些仅限于语言表达范畴的文字顺序调整，因为这类的修改将在决策数据提取时随着文本结构化处理而失去意义。调序行为仅记录那些对任务顺序的调整,但并不意味着决策者的纯文字调整行为不被提取,在后续“其他”修改方式中将对此进行说明。此外,因为调序必然涉及至少两个任务的调整,因此在计数方式上,当决策者以指示符号等方式调序时,如图 4-3(a)所示,“任务 7”被提前至“任务 2”前而导致后续所有任务序号顺移,以主动调整的“任务 7”为准,计为一次调序;此外“任务 3”与“任务 5”对调的调序方式,也计为一次调序。当决策者的调序行为更为复杂时,所有参与调序的任务均计次数,如图 4-3(b)所示,应计调序六次。

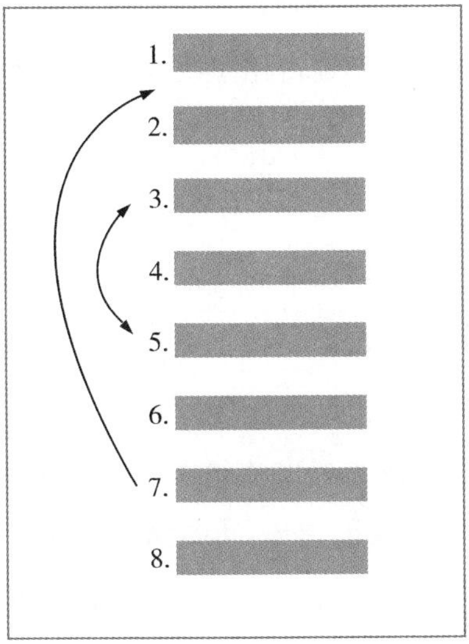

(a)

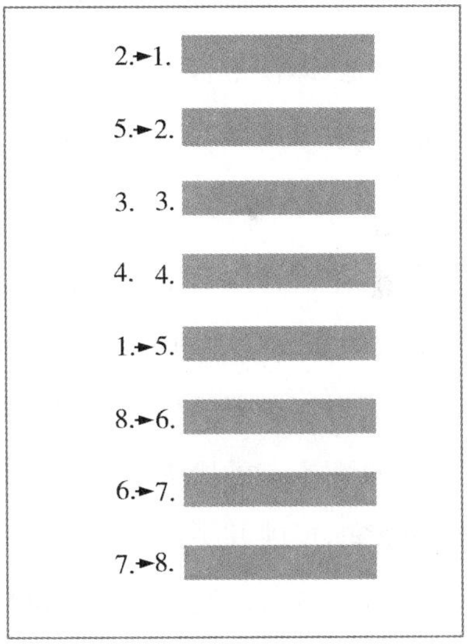

(b)

图 4-3　决策手稿调序示意图

(4)重置。指决策者未采纳建议草案,根据自主研判重新起草决策的行为,是一种特殊的修改方式。决策者对建议的否定有形式上的否定和实质上的否定两种情况。形式上的否定指决策者放弃了建议原本的语言表达方式重拟决策文本,从新文本中提取的决策数据可能与建议中的数据存在重合;实质上的否定指新决策中的任务与原建议完全不同或差别较大。之所以将形式上的否定也计为重置，是因为即使自主研判的结果与建议部分一致，决策者也不愿使用建议简化决策过程，表现出对建议支持明显的抵触态度。重置行为的表现形式包括：对原建议草案整体删除后重拟，在原建议草案之外另行提交决策，以及对原建议的修改几乎覆盖全文。当决策修改被计为重置时，在原文上的任何其他修改均不再统计。

(5)其他。指在以上修改行为之外的，决策者对建议草案文字表达方面的修改，包括但不限于换词、调整语序，以及局部的重新组织语言等，但这类修改对决策数据没有实际影响。将这类修改也计为行为数据的原因是：即使不影响决策任务，这些修改也无疑占用了决策者的时间和精力，对决策是有间接影响的。

4.2.2.2　修改特征

(1)单次修改的语言单位。以段落、(半)句和字词为单位来分级描述决策者修改行为的颗粒度，这与决策者在审阅草案时的格局有关。例如，决策者以段落的形式修改草案，反映其关注点是任务以及更宏观的局势(草案中有的段落中包含了多个任务)；决策者以整句或半句为单位修改草案，反映其关注到了任务以及如何实施的层面；决策者以字词为单位修改草案，说明其关注点包括了语言表达形式。一份样本可能存在多处修改且修改程度不一而论，因此不能直接甚至单一地以该特征来评价决策者的决策行为，但综合每个样本的整体表现，可以此作为区分不同类型决策者的参考。

(2)修改的位置。以文字涂改、插入修改和留白批注来分级描述决策者在修改时对建议草案原文的保护态度。直接对草案文字进行涂改标记，说明决策者与建议的互动性更强；以插入文字的方式修改，说明决策者对建议的接纳程度更高；而使用留白批注则至少反映了决策者在心理上与建议保持着一定距离。同样地，也可能在一份样本不同的位置上修改，因为除了决策者对建议的态度外，修改位置还由添加、删除等修改行为决定，因此，只有当一份样本中某个位置处的修改占据主导时，该特征对分析决策行为的辅助性才会显现。

4.3　决策数据分析之情景对决策的影响

4.3.1　决策任务与情景的相关性

无论应急实践、演练还是决策行为研究都是基于“情景-应对”的，情景是决策的出发点和归宿。决策者在决策过程中的一系列活动都与情景紧密相关——研判的对象是情景，对策是为解决情景中的问题服务，可以说，情景决定了决策的基本形态。决策中的任务与情景的相关性，既是预判任务是否在情景应对中发挥效用的首要依据，也是分析决策行为的重要参考。决策任务与情景的相关性通过以下四个相关性等级描述。

4.3.1.1　直接正相关

直接正相关指决策任务明确地应对于某情景信息，通常针对灾情、社情、舆情等与风险损失相关的现象性信息，通过该任务可消除、缓解、抑制或预防相关情景的现状或发展变化。一般地，若将任务指向的情景信息屏蔽后该任务即对应急活动失效，则可反推验证该任务与情景存在直接正相关。风险与损失是构成突发事件并激发应急响应的必要条件，因此全局性决策中必然存在与情景直接正相关的任务。是否包括与情景直接正相关的任务以及其对情景中风险、损失类信息的覆盖程度，是评价全局性决策是否精准有效的重要指标。

4.3.1.2　间接正相关

间接正相关指决策任务虽无法与情景信息建立点对点关联，但该任务的执行可为其他直接相关任务提供支持，由此对一定范围的情景信息实现辐射；或若取消该任务则在决策应对后的下一轮情景中可能会出现新的风险与损失，而且其严重性可能超过当前情景。间接正相关级别的任务与情景间的应对关系与直接正相关的相比层次更深，其价值在于其应对的是情景中的态势。间接正相关任务的部署是对决策者决策能力的考验，这类任务通常在情景中缺少直接的事实依据，需要决策者在对情景态势准确研判的基础上做出决策，同时还因为缺乏事实支持决策者需要承担更多的责任风险和决策压力。

4.3.1.3 不相关

不相关指任务既不能与情景信息相匹配，又对当前阶段的突发事件情景应对无积极意义。决策者提出不相关的决策任务的可能原因主要有两个：一是研判脱离了情景，在没有充分认知情景的情况下，凭自己的历史经验或者既定的预案措施做了不符合“情景-应对”基本要求的主观臆断，属于较严重的决策失误；二是研判出现偏差，对态势的预判把握不准确或者做了超期预判，即对态势的发展推测超过了当前时间阶段，决策者对态势应对的提前布局需要在合适的时机进行，某些措施、任务部署得过早既有可能造成应急资源的浪费，甚至还可能对当前情景研判造成干扰等负面影响。

4.3.1.4 负相关

负相关指任务与某情景信息出现冲突，例如重复部署已实施的任务或将导致灾情变得复杂，对突发事件应对产生了负面影响。如果说不相关任务可能源自决策者的研判出现了偏差，那么负相关任务只能归结于决策失误，在应急实践中应规避杜绝。防止负相关任务的出现是决策层以及全体应急相关人员的共同责任，从对情景信息的收集与处理，到决策支持、决策者决策，直至决策实施，任何环节的失误和疏漏都可能成为“木桶原理”中的短板而造成不可挽回的后果；同理，任何环节对负相关任务的审核与反馈都可能避免这种低级失误对突发事件应对造成负面影响。

4.3.2　焦点、偏离与争议

对单一决策样本，可以通过任务与情景的相关性分析该决策者在决策过程中对情景的态度以及认知、研判和承压等决策能力，在利用桌面演练扩大参演决策者数量后，还可以实现多样本分析以探索决策者群体在建议支持下的全局性决策行为。在设置了由批量平行角色的决策者参与的桌面演练中，可得的情景信息、支持决策的建议草案以及独立的决策过程等变量都成为定值，影响决策这个因变量的唯一自变量是决策者，而决策者变量又通过对次级变量的控制减小了个体背景因素的干扰误差，因此决策样本间的相似性和差异性可解释为该决策者群体在决策行为中的共性特征和类型差异。

将平行角色决策者的决策样本逐一按其任务与情景的对应关系投射到共同的突发事件情景中，形成图 4-4 中示例的可视化分区(只显示正相关)。

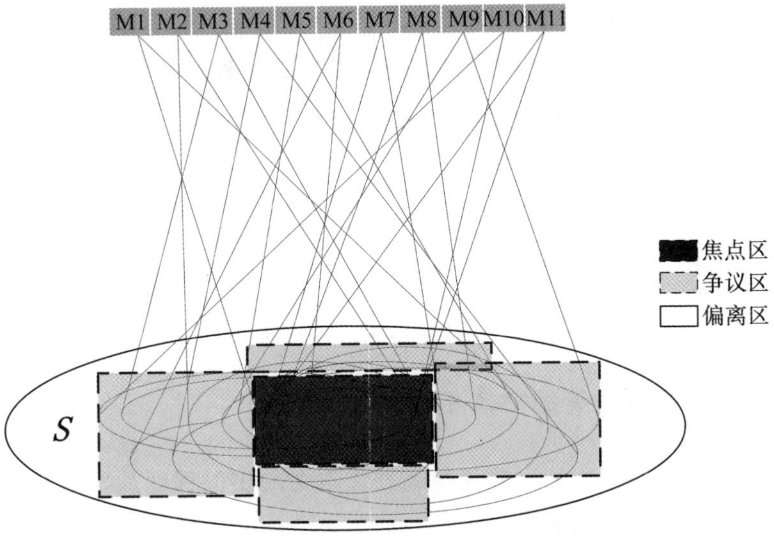

图 4-4　决策任务对情景的映射示意图

(1)焦点区。焦点区可反映决策者群体在做全局性决策过程中普遍关注的情景信息。研究该区域对认识决策者群体的决策行为有极大帮助,进而可以为在应急响应中精准处理信息以提高决策质量,预测决策者的判断以提高决策效率,以及开展面向该群体决策能力提升的攻关研究和培训等一系列科研实践活动提供理论支撑。

(2)偏离区。指那些被多数决策者忽略的情景信息。通过分析偏离区的信息,可以发现决策者在决策过程中的盲点。同时,如果偏离区内的信息既无法刺激决策者对其作出反应,也对突发事件应对无实用价值,那么在应急实践中的信息收集与处理环节可对其进行优化以节省决策资源和时间,也能避免该信息对决策者研判的干扰。

(3)争议区。反映决策者群体在决策时对情景研判的差异。目前,人们对争议区内信息的认识与理解尚处于空白阶段,平行角色的决策者们对相同情景的关注差异,需要在数据支撑下依托演练进行研究。可能的情况有:决策者对情景的研判差异与其决策行为模式相关,即具有同类型决策行为模式的决策者可能对情景信息的处理方式也存在趋同的偏好;决策者对情景的研判差异与其决策行为模式间无明显关联,不同决策者的情景研判差异呈现不同规律;若上述两种情况均不符合,那么差异可能受决策者变量中受控变量的影响,需要改变实验方式进一步分析验证。

4.4 决策数据分析之建议对决策的影响

4.4.1 建议与决策的文本相似性

决策者的最终决策与建议草案在文本上的相似程度是判断决策者对建议草案的修改程度的较为直观的方式。如 4.2.2 节所述,无论决策者对建议草案修改涉及的是任务内容还是语言表达,都会占用其有限的决策时间和精力，因此也间接反映了决策者对建议的态度。以两个极端态度为例，在排除消极决策的前提下：如果决策者没有对草案进行任何修改，认为其对草案持完全认同的态度；如果决策者放弃草案重新自拟，认为其对草案持完全否定的态度。这种单纯量化比较的方式在分析中具有明显的片面性和不足，例如基于传统的向量空间模型（VSM）的算法难以有效地对调序行为进行分析[155]；决策中表述单个任务使用的文字量不同也会影响文本相似性对决策者态度的映射精度；此外更无法定位修改是来源于任务还是修辞等。

文本的相似性比较不能作为分析建议对决策影响的主要手段，但由于量化分析的客观性，各样本与建议草案两两文本相似性的比较数据可以作为使用其他质性分析方法时的参考。

4.4.2　建议与决策的任务相似性

建议草案与决策者的原始决策样本在进行文本结构化处理提取决策数据后，均表现为任务集合（链）的形式。任务相似性比较是各样本与建议基于任务集合（链）的两两比较。因任务的差异由修改行为产生，在对相似性进行比较时主要是对支撑修改行为的动因进行分析。

（1）一致。已知在本章 4.1 节中建议支持下的全局性决策作用机理所限定的前提下（无其他决策支持、无小组讨论等）生成决策任务的来源只有建议草案和决策者本人，当决策中的一个任务与建议中的一个任务相同时，可能的情况有：①决策者研判结论与建议一致，决策者基于认同心理保留建议中的任务；②决策者研判未得出相关结论，参考建议后判断其为合理，决策者基于接受心理保留建议中的任务；③决策者研判未得出相关结论，并对建议中的相关任务存在质疑，但这种质疑尚不足以支撑决策者推翻建议，决策者基于服从心理保留建议中的任务。

（2）新增。决策者在建议基础上添加的内容是经其自我判断并坚持的。研判结论没有在建议中体现，是导致新增差异的必要条件，但并非充分条件。对于不同的决策者，支撑其实施新增的心理建设是不一致的。例如建议采纳中的决策行为导向模型中以决策者为导向的决策者可能不需要过多的思考或求证，实施标准可能也较为宽松；而以决策支持为导向的决策者则可能需要充足的理由支持。

(3)删除。被删除的任务是决策者在自主判断时没有的或者相悖的结论。在前文“一致”部分中讨论过决策者对建议服从的情况，这里讨论的是其另一面。如果该任务在决策者自主研判时不存在，则当决策者拒绝服从建议时，对其的评价应为“不必要”；如果该任务与决策者的自主研判结论相悖，则当决策者拒绝服从建议时，对其的评价应为“错误”。“错误”与“删除”之间存在逻辑上的必然，只要决策者完成了相应的心理判断(即“错误”)，即可执行“删除”。然而对于不同的决策者，对该判断确认的过程可能不尽相同，因为判断的理由和证据以及其可靠性都是决策者基于自身对情景的研判。对于“不必要”的任务，决策者除了需要完成定性，还需要在“必要性”与“存在”之间建立硬性关联才能支撑其实施删除。

(4)调序。相比添加或删除，调序需要决策者进行更为复杂的心理活动。决策者首先需要完成对建议中任务保留、新增和删除的判断，然后对确定任务之间的优先级产生质疑，且需要决策者继续论证这种质疑是否必要，当得到肯定的结论后再考虑更加合理的排序，最后才能完成这一修改行为。

4.5 行为数据分析

4.5.1 全样本修改行为矩阵

以单样本中各类修改方式和修改特征为行，以研究使用的全样本为列，建立以发生的修改行为的统计数为集合的全样本修改行为矩阵。

如表 4-2 所示，修改方式统计区包括新增（new，n）、删除（delete，d）、调序（queue，q）、重置（rewrite，r）和其他（other，o），修改特征中的语言单位统计区包括字词（word，w）、句或半句（sentence，s）和段落（paragraph，p），修改特征中的位置统计区包括文字插入（insert，i）、文字涂改（alter，a）和留白标记（margin，m）。将全部平行角色决策者的样本数据全部写入后，通过行分析，可以评估对应决策者在对建议草案修改中的综合表现；通过列分析，可以对各样本在某对应修改行为方式或特征上的行为计数进行排序，结合求得的全样本在该列上表现的平均数和中位数，可以评估对应样本的相应行为表现是否突出。

表 4-2 全样本修改行为矩阵示意

新增（n）	删除（d）	调序（q）	重置（r）	其他（o）	字（w）	句（s）	段（p）	插入（i）	涂改（a）	留白（m）
M_{1n}	M_{1d}	M_{1q}	M_{1r}	M_{1o}	M_{1w}	M_{1s}	M_{1p}	M_{1i}	M_{1a}	M_{1m}
M_{2n}	M_{2d}	M_{2q}	M_{2r}	M_{2o}	M_{2w}	M_{2s}	M_{2p}	M_{2i}	M_{2a}	M_{2m}
M_{3n}	M_{3d}	M_{3q}	M_{3r}	M_{3o}	M_{3w}	M_{3s}	M_{3p}	M_{3i}	M_{3a}	M_{3m}
M_{4n}	M_{4d}	M_{4q}	M_{4r}	M_{4o}	M_{4w}	M_{4s}	M_{4p}	M_{4i}	M_{4a}	M_{4m}
M_{5n}	M_{5d}	M_{5q}	M_{5r}	M_{5o}	M_{5w}	M_{5s}	M_{5p}	M_{5i}	M_{5a}	M_{5m}
M_{6n}	M_{6d}	M_{6q}	M_{6r}	M_{6o}	M_{6w}	M_{6s}	M_{6p}	M_{6i}	M_{6a}	M_{6m}
M_{7n}	M_{7d}	M_{7q}	M_{7r}	M_{7o}	M_{7w}	M_{7s}	M_{7p}	M_{7i}	M_{7a}	M_{7m}
…	…	…	…	…	…	…	…	…	…	…
M_{nn}	M_{nd}	M_{nq}	M_{nr}	M_{no}	M_{nw}	M_{ns}	M_{np}	M_{ni}	M_{na}	M_{nm}

本小节主张基于扎根理论、自下而上、从资料到理论的研究理念，不预设结果，而通过分析矩阵中实际的数据分布寻找行为规律。在具体的方法上除了定性分析外，还可以对全样本进行聚类分析以辅助发现决策者行为数据中的关系。

4.5.2 建议采纳中的决策行为导向模型对修改行为的解释

本节选用不同的研究思路对修改行为进行分析。在3.2.4节中提出了建议采纳中的决策行为导向模型，及修改行为发生在决策者利用建议草案进行决策时，适用于模型描述的条件，因此尝试使用该行为导向模型对修改行为进行解释。需要说明的是，因为无法得知决策者在得到建议草案前是否已完成了独立分析，对于决策者的决策与建议草案意见基本一致的情形，修改行为数据可能导致解释的偏差，该偏差存在于各类型的行为解释中，但“修改特征”这类辅助数据可能有助于对偏差进行矫正。

首先，以决策者为导向的决策者，其行为模式是在不违背理性决策原则的前提下，对自我意见的坚持和主张。主导以决策者为导向的决策者行为的心理因素是自信而非自负或者偏执，即使决策者相信自己的判断，但当有足够充分或者更加强势的理由证明另有最优解时，以决策者为导向的决策者也会接受，此时理性决策的因素发挥了作用。在修改行为方面，重置是以决策者为导向的决策者独有的标志性修改方式。除此之外，建议草案与决策者的决策存在任何的不一致都可能导致其被决策者修改。

其次，以决策支持为导向的决策者，其行为模式是在不违背理性决策原则的前提下，尽可能隐藏自我意见。无论是出于规避责任还是保障决策实施效果的考虑，决策者选择接受建议这种行为倾向的根源在于决策者无法确认自己的独立判断是否准确。在修改行为方面，留白是以决策支持为导向的决策者较为典型的表现，而重置、删除以及对建议草案大段的修改都不符合以决策支持为导向的决策者的修改行为。在其他方面，调序和文字涂改这种需要调动更多自信才能完成的行为对于以决策支持为导向的决策者而言都应是少见的。

再次，以优化决策为导向的决策者，其行为模式是在不违背理性决策原则的前提下，与决策支持进行充分的互动以争取得到最优解。这类决策者既有信心也有耐心，决策时不惧推敲，具有完美主义的特质。因此在修改行为方面，以优化决策为导向的决策者除重置外可能采取任何方式，并且整体修改的文字量和次数都应该高于其他类型。此外，该类决策者对语言文字类的修改可能更多，这一点可以使以优化决策为导向的决策者与其他类型的得以区分。

最后，以顺利决策为导向的决策者，其行为模式是在不违背理性决策原则的前提下，尽可能简单快捷地完成决策。与以优化决策为导向的决策者相反，以顺利决策为导向的决策者最不可能介意建议草案的语言表达方式，因为这既不影响决策任务的中心思想又会因修改语言表达方式而延长决策时间，与该类型决策者追求的效率背道而驰。同时，该类型决策者对建议的整体修改数量应较其他类型偏少。与同样不会过多干预建议草案的以决策支持为导向的决策者相比，以顺利决策为导向的决策者更为自信，因此删除以及涂改之类的行为都有可能出现。

为形象化说明以上分析，对四个行为导向类型的决策者在修改行为各方面的可能性赋值打分(见表 4-3)。

表 4-3　不同行为导向决策者修改行为的差异

行为导向	新增 (n)	删除 (d)	调序 (a)	重置 (r)	其他 (o)	字 (w)	句 (s)	段 (p)	插入 (i)	涂改 (a)	留白 (m)
以决策者为导向	3	3	3	5	3	3	3	3	3	3	3
以决策支持为导向	3	0	1	0	3	3	3	0	3	1	5
以优化决策为导向	3	3	3	0	5	5	3	3	3	5	1
以顺利决策为导向	3	1	1	0	0	0	3	1	3	1	1

注：5—典型特征；3—有可能；1—不排除可能；0—基本不可能。

在实际分析中,如果该模型的解释能与行为数据相匹配并得到良好的决策者分类,特别是能与上节的分析方法取得一致或相似的结论,则在得到研究成果的基础上,也验证了建议采纳中的决策行为导向模型在决策行为解释方面的可用性。

4.6 决策数据和行为数据的联合分析

4.6.1 主要指标

对决策者在“情景-应对”模式下基于建议支持的全局性决策行为的评估分析,是在通过行为数据分析发现决策者间的行为差异规律并以此为决策者分类的基础上,结合每个样本在决策内容上的表现,通过决策任务对情景的响应、决策任务与建议草案的异同以及对建议存在问题的挖掘与修正等三大主要指标评估决策的质量。

4.6.1.1 对情景的响应

该指标针对决策者在“情景-应对”模式中的表现,关注决策时能否把握情景中的重要信息、精准定位需解决的问题,以及制定对策是否偏离情景等。该指标的主要评估方法是:根据 4.3.1 节中对任务与情景相关性的分析,将样本中的任务数据与情景信息进行一一比对,得出每个任务与情景关联在“直接正相关”“间接正相关”“不相关”或“负相关”中相应的等级,最后统计决策样本中所有任务在四个等级中的分布,得出对该决策样本在“情景-应对”模式中的评价结论。

4.6.1.2 对建议的利用

该指标针对决策者在决策支持下进行决策的表现,关注决策时能否合理、有效地利用建议。该指标的评估方法和步骤是:第一步,将样本中的决策数据与建议中的任务进行比对,统计决策任务对建议任务补充、删除和保留三个组别的情况;第二步,分析各组的任务数量与总任务的比例,得出决策样本对建议任务的采纳率;第三步,分别观察各组任务与情景的相关性,以此作为判断任务是否有效的依据;第四步,根据各组任务的表现,结合建议采纳率评价决策者的建议利用情况。

4.6.1.3 对缺陷的修复

该指标是可选指标,根据不同的研究需求可取消该指标或使用与研究相关的其他指标进行替换。在本书中该指标为区分高质量决策而设置,通过在建议中设计决策漏洞,观察决策者是否能够发现并对其进行修复,是对决策者理性决策和承压能力的检测。该指标的评估方法是:对各样本中是否存在针对建议漏洞的新增任务进行统计,以修复缺陷的数量以及任务与情景的相关度综合评价决策者在样本纠错方面的表现。

4.6.2 辅助指标

除主指标外,也可通过修改行为反映的决策者的大局观、时效性以及逻辑性等辅助指标修正评估,同时也可丰富和完善对各类型决策者决策行为特征的描述。

4.6.2.1 大局观

该研究针对的是决策者的全局性决策,因此需要考察决策者对此决策角色的认知。当决策者的身份认知与实际决策身份出现偏差时,就无法保证做出恰当合理的决策,而这类决策对应急活动而言是纲领性的,一旦出现严重偏差将导致不可接受的后果。对该指标的评估是多方面的:其一是依托4.5.1节全样本修改行为矩阵中修改特征部分的数据和修改方式中“其他”列的数据,观察各样本在决策时关注的问题的体量和尺度;其二是综合分析样本决策数据中各任务回应情景的颗粒度是否符合全局性决策的格局尺度。通过结合以上两种评估方法对决策样本体现的决策者的大局观进行评价。

4.6.2.2 时效性

该辅助指标主要用以评估决策者在应急决策中对时间的敏感程度。时间压力是应急决策的特点，是决策时必须考虑并回应的，否则会出现错过时间窗口等严重情况从而直接导致应对失败。对时效性的评估方法是：通过对样本修改次数的统计来表征决策者在决策中花费的时间，因为每次修改都势必占用决策者思考和书写的时间，修改次数越多花费的时间越多；此外，针对决策者一次修改大量文字甚至重置建议导致评价失真的情况，辅以样本与建议的文字相似系数来综合评估决策者的时效性。

4.6.2.3 逻辑性

该辅助指标主要辅助确认决策者在决策时的理性思维以及识别消极决策的情况。显性数据对于决策者的逻辑性分析作用有限。作为辅助指标，需要考虑使用全样本修改行为矩阵中的“调序”列数据反映决策者的逻辑思维。如前文所述，任务排序与决策者的逻辑相关，决策者对任务的先后顺序进行调整，无论该调整是否更符合情景需求，都至少反映了决策者在决策时调动了逻辑思维；同时调序需要复杂的心理活动支撑，因此可排除消极决策的可能。

4.6.3 对决策者在建议支持下全局性决策行为的综合评估

通过本章前文的系列分析，全样本决策者的决策行为规律和特征已基本掌握。在综合评估阶段，结合行为特征对当前的决策者分类结果进行验证和修正，最后完成对不同类型决策者的决策行为的总结描述。此外，对分析过程中发现的其他行为规律或者有价值的结论和发现进行总结，完成对决策者在建议支持下全局性决策行为的综合评估。

本章小结

本章在第1章的分析框架下，第2、3章搭建的方法和理论基础上，系统论述了针对决策者在建议支持下的全局性应急决策行为的定性分析方法。

4.1节首先重新明确了建议支持下的全局性决策中决策行为分析框架中的变量间关系，并在新的变量间关系基础上，通过决策与情景的相关性分析决策者的自主研判行为，通过决策与建议的相关性研究决策者对决策支持的外化态度，通过分析决策者对建议草案的修改行为求解决策者对决策者支持的心理状态。在完成分析路径建设的基础上，4.2节针对应急演练中如何获取样本和数据进行了详细阐述，包括文本结构化和应急任务分级提取决策数据，以及通过区分新增、删除、调序、重置等修改行为来提取相关行为数据。4.3节论述了4.1节中决策与情景的相关性分析方法，依据不同的相关程度对相关性进行分级，并围绕焦点、偏离与争议讨论了多样本条件下分析群体行为的方法。4.4节论述了4.1节中决策与建议的相关性分析方法，其中以文本相似性作为模糊判断依据，以任务相似性作为细节判断依据。4.5节论述了行为数据的分析方法，通过任务编码建立修改行为矩阵，用建议采纳行为导向模型解释修改行为，建立了理论与数据的通联，使该行为数据分析方法具有了可操作性。4.6节在上述基础上，将决策数据分析与行为数据分析进行结合，论述了对决策者在建议支持下全局性决策行为综合评估的方法。

本章是在决策行为分析框架下、以应急演练为情景来源的分支中，针对以决策建议为辅助的全局性决策行为提出了一套从理论基础到数据提取、从分步分析到综合评估的完整分析方法。

第5章

决策行为分析在地震演练中的应用

灾难发生伊始的全局性部署决定了后续应急行动的脉络走向和节奏,甚至影响最终的成败。地震灾难具有突发性,难以准确预测,经常在波及范围内造成巨大的破坏,基于这些特点,最初阶段的应对指挥困难重重:人员伤亡产生了生命救援的黄金时间压力和巨大的社会压力;建筑损毁给救援带来了困难,同时伴随更多潜在的风险和次生灾害;通信设施受损导致信息阻断,决策者无法掌握准确的灾情;交通系统被破坏造成了救援和撤离的双向困难;其他基础设施、能源供应设施受损使得救援难以开展并导致未来更多的伤亡;余震和次生灾害时刻威胁着现场所有人员的安全,甚至造成更大规模和范围的破坏;当地的基层组织受损则使自救活动以及与外界的对接难以实现。值得注意的是,以上及其他更多的困难情形在地震刚刚发生后短暂的时间内可共存,在受灾的地域空间内可叠加。此时最高决策层的一项重要工作就是在最短的时间内做出解开当前困境并将之引向常规应急的决策。这样的决策显然不能仅针对单一问题,而是基于灾情、态势、力量与资源等的多方考虑下的全局性、纲领性的应急部署。

国家和地区通常会针对这类情况应急预案或下发相关的文件以帮

助决策者做出决策，这种方法对于地震初期而言是十分必要并且有效的，它可以将关键事项集中于决策者面前从而最大限度地节省时间，而且预案里那些归纳性的表述比较适用于全局性决策。然而，这些预案类的文件并不是万能的，因为要解决地震初期的困境，仅仅知道要做什么是不够的，决策者必须根据具体情况将这些预制的措施有逻辑地组织成网，以便它们能被执行层有效地实施并取得期望的效果。显然，制定与部署决策的过程是复杂的，但大致可以概括为收集信息、研判、提出决策以及确认发布等几个环节。

在确认发布环节里，拥有最终决策权的决策者成为关键，无论先前的决策过程如何，影响整个应急行动的决策由此才能最终确定。在决策确认发布前，决策者可能已经对灾情有了充分的认知，组织了研判讨论会议并且听取了多方意见和建议，决策的关键工作已经基本完成，在这种前提下决策确认发布的程序意义更大。然而，在情势特别危急、时间压力巨大的情况下，信息研判、决策制定和决策建议等本应按顺序进行的过程被迫压缩或拆分并行，在决策者研判的同时，决策层以及相关的决策支持可能会提出建议草案，这种条件下决策者对建议草案的态度，即确认发布环节，就成为决策能否最终部署的关键。

真实案例下很难捕捉到这个极其短暂的幕后决策过程，而且由于符合研究需求的非常规突发事件的数量稀少，个案研究难以实现对“拥有最终决策权”的抽象角色的决策行为规律等方面的研究，利用“情景-应对”决策行为分析框架，选择应急演练作为情景来源，项目依托于桌面演练的形式。在演练中模拟大地震初期的全局性决策过程，为参演人员设置平行的决策者角色，在决策建议草案的支持下完成全局性决策部署，通过演练中参演者的决策批阅手稿，收集到足以展开决策行为研究的样本和数据，通过对样本和数据的分析，尝试性地对决策者的决策风格进行区分，并对不同类型决策者的决策效果进行描述性评价。

5.1 地震灾难情景构建

灾情模拟依托国家相关机构及地方政府前期地震灾害巨灾事件情景构建成果[156-157]，在地震专家及科研人员的指导协助下，与演练组织单位共同构建完成。结合我国历史上几次影响深远的大地震，如1976年唐山地震[158]、2008年汶川地震[159]、2010年玉树地震[160-161]等，再根据假想震中的地质人文情况，演练构建的是一场震级7.6级的特大地震灾难，地震发生在某重要区域，受灾人口约5千万，经济损失超万亿元，时间设定为某年中的夏季工作时间。基于"极小概率、极大破坏"的原则，假想的情景在参考历史案例的基础上适当增加事件的复杂性和严重性。主要的灾情包括：建筑物坍塌，人员死亡、受伤、被埋，桥梁、道路、轨道、航空等交通中断，各类火灾发生，多处水库坝体受损，通信中断或拥塞，电力中断，供排水中断，化工污染，外籍游客被困，另有超市哄抢、余震谣言、金融诈骗等社会失序事件发生。情景设计了震后1小时、震后1天、震后3天以及救援结束共四个阶段，本研究基于第一阶段的情景展开。

5.1.1 震情与震区现状

震情信息假想据中国地震台网测定，基本信息如表5-1所示。

表5-1 震情基本信息

震情	信息
时间	____年____月____日15时28分
事件	____省____县____镇发生7.6级地震
震中	北纬____度，东经____度

续表

震情	信息
震源深度	10千米
震中距离	本省____县约10千米，____市约15千米，____县约23千米 邻省/市____区24千米，____区27千米，____区28千米，市中心55千米
极震区	人口密度约为1100人/千米^2 平均海拔约为37米
震中位置图	略

截至当日16时35分，震区现状如表5-2所示。

表5-2 震区情况信息

序号	震区现状
1	三省/市严重受灾，周边四省/自治区普遍有震感
2	震中两县市与外界通信中断，具体情况不明
3	震中一县城有大片建筑物倒塌，预测有大量人员埋压和伤亡
4	以上严重受灾的三省/市供配电网络于震后5分钟解列，供电系统完全中断
5	进入震区的道路、桥梁设施破坏严重，主要交通道路拥堵严重，沿途可见大量建筑物受损严重
6	震区通信拥塞情况严重，具体情况待核实
7	邻市两区全区及另两区部分地区震害严重，大量建筑物倾斜破损，老旧小区建筑物倒塌，已造成大量人员伤亡和埋压，以上地区交通、供电、通信等基础设施均有不同程度的受损，具体情况有待统计
8	据气象部门预测，震后两天震区将出现一轮降雨过程，随后将迎来35 ℃以上的高温天气，其中部分地区最高气温可达37～39 ℃，局部地区白天可超过40 ℃

5.1.2 灾情

模拟灾情包括以下内容。

5.1.2.1 人员伤亡与受困等情况

截至当日16时35分，地震已造成664人死亡，万余人受困，大量建筑楼房坍塌。详细灾情见表5-3和表5-4。

表5-3 震中本省灾情信息表

震中本省	信息
震中三市县	因通信中断，震中附近三市县人员伤亡情况暂时不详
震中以外	一市报告死亡20人，受困57人，受伤近百人 一县报告死亡17人，受困32人 一市报告死亡13人，受困14人
其他16市县	情况待统计，据初步了解均有不同程度的人员伤亡

表5-4 震中附近灾情信息表

震中附近	信息
邻省/市	一区报告死亡120人，受困1400余人 一区报告死亡300人，受困4000余人 一区报告死亡98人，受困3000余人 一区报告死亡34人，受困1500余人 五区报告发生多处山体滑坡 一区报告某中学附近多层建筑物倒塌，内有多个课外培训机构，被埋学生死伤情况不详 其他城区尚未接到人员死亡报告

续表

震中附近	信息
其他省/市	五省/市共报告死亡 180 人 震区境内外旅游团、其他外籍人员等人员的伤亡情况待核实

5.1.2.2　交通、电力、通信、供排水等基础设施损毁情况

震中省内大部分地区及邻省/市部分地区通信中断，供水、供电、道路交通等均受严重影响。

交通方面的受损情况见表 5-5。

表 5-5　交通方面的受损情况

交通	信息
交通整体情况	震中三市县道路不通
铁路	1.两条铁路干线部分设备受损严重 2.高铁列车震后接收到预警信息立即紧急制动 3.震区局管内大量客运、货运列车滞留
地铁	1.三条地铁线部分设备受损 2.两条轻轨线桥梁受损
公路、桥梁	1.三条高速公路段受损严重，道路中断 2.三条主干国道、省道和乡村公路有路面开裂、下沉和错位等不同程度的破坏，道路部分中断 3.两条高速及市区环路河上部分桥梁垮塌
机场	国际机场部分建筑设施受损，已经暂时关闭机场

其他基础设施情况见表 5-6。

表 5-6 其他基础设施情况

基础设施	信息
电力	震区三省市电网损失负荷约 800 万千瓦，减少 19%，其中震中三县区电力供应中断，邻市四区电力供应中断，主网目前保持故障运行状态
通信	震中两县区通信全部中断。各主要通信公司在震中本省五县区及邻市四区等地的通信出现不同程度的受阻
其他	震中两县市及邻市一区的部分区域内供水、供气完全中断

5.1.2.3 能源供应、金融市场情况

能源供应、金融市场汇总整理信息见表 5-7。

表 5-7 能源供应、金融市场情况

其他灾情	信息
能源供应	1.震区三省市各类输油管线全线停输 2.震中一油库火灾情况正在核实 3.尚未收到其他重大油气泄漏事故的报告 4.全国各核电厂运行正常，无核安全隐患报告
金融市场	1.金融市场出现波动 2.震区四大银行及各城商业银行业务全部中断 3.震区各银行网点受损情况不明 4.震区上市公司将全部临时停牌

5.1.2.4 其他情况

其他相关汇总整理信息见表 5-8。

表 5-8　其他情况

其他情况	信息
国际社会	1.高度关注灾害情况 2.各国驻华使馆已向本国公民发出暂缓前往震区的劝告 3.跨国公司驻地办事处已发出暂缓各项业务办理的通告 4.向我国政府提出尽快协助震区外籍游客、部分商务人员离境事宜
重要部位	1.重要建筑均未受地震影响 2.非震中重要政府办公区域轻微受损，无工作人员伤亡，职能运转正常
其他	1.震区北部山区多处发生山体崩塌 2.水利工程受损情况正在组织排查，受前期降雨丰富影响，各库区水位已接近历史高位

5.1.3　社会面

模拟社会舆情，包括境内网民反应和国际社会反应。

5.1.3.1　境内网民反应

截至当日 16 时 35 分，境内各主要门户网站和社交平台上已迅速出现大量网民留言，网民主要观点见表 5-9。

表 5-9 境内舆情

序号	境内舆情
1	对发生地震感到突然和震惊,为灾区群众感到担忧
2	大多急于了解震区情况,担心家中老人及孩子安全,心情急迫
3	少数网民担心地震持续发生,表现出恐慌、浮躁情绪
4	更有部分网民担心此次地震是不是由某些国家核试验引起的
5	呼吁国人团结起来共同抗灾
6	"中国人民一定要团结、坚强起来""相信政府、相信部队"
7	"救灾一定要靠自己,我们可以不需要国际援助"
8	部分网民对国家预警机制和地震局监测预测工作表示不满
9	要加强我国的地震预测能力,要更多地利用传统的异常现象观测手段预测地震
10	部分网民认为自己提前预测了此次地震,并由此发出地震部门在地震预测方面失职或不作为的负面言论

5.1.3.2 国际社会反应

国际社会反应汇总整理信息见表 5-10。

表 5-10 国际社会反应

序号	国际社会反应
1	国际社会高度关注我国抗震救灾情况,多国政府表达提供援助的意愿
2	境外媒体迅速报道此次强烈地震,并普遍提到了 1976 年河北唐山大地震、2008 年汶川特大地震曾经造成的大量人员伤亡情况,认为建筑物倒塌是造成历次我国地震损失严重的主要原因
3	多家媒体对近期我国即将举办的各大会议赛事表示担忧
4	另有部分媒体报道了外籍游客离境困难,急需帮助

5.1.4　应急响应进程

模拟已开展的应急响应进程，见表 5-11。

表 5-11　应急响应进程

序号	应急响应进程
1	地震发生后，应急管理部指挥中心立即启动一级响应
2	国务院工作组救援协调专班已经准备就绪
3	国务院抗震救灾指挥部机关相关工作人员已经就位
4	国家地震灾害紧急救援队已经迅速集结并紧急赶赴震区
5	震中周边地区的驻防解放军、武警部队、消防救援队伍已就近开展救援行动
6	震区地方各级政府正积极开展自救、互救
7	初步研判灾区目前急需的各类专业救援力量，并对相关力量进行统筹部署
8	受地震影响，周边多地机场已经临时关闭，相关航班已妥善安置，机场及航空公司正在组织候机乘客撤离
9	民航空管局正在拟定震区空域管制方案，准备及时开通空中救援生命线

5.2　过程与实施

5.2.1　沉浸式导入

决策环境是保障决策者完成“情景-应对”模式下应急决策的重要因素。对于演练现场决策环境的创造，应以结合实际并尽可能模拟实战为原则。根据演练内容，使用演练专用的决策指挥大厅作为桌面演练现场，从而营造应急指挥部环境。除模拟实战演练现场的空间布置外，人员的服装、标志及实物布置等均应契合应急指挥现场氛围。组织人员、参演人员、工作人员及观摩人员的服装、标志等统一、清晰，现场不设服务人员；取消不必要的装饰以及易分散人员注意力的与演练无关的设备和物品，后勤服务区与演练现场隔离。严肃演练现场纪律，除参演人员外的全体现场人员言行举止均应配合突发事件情景，最大限度地支持参演人员建立和保持应急决策的心理状态，保障演练效果。

做出决策的过程中通常伴随着痛苦和内心挣扎，为了防止参演人员消极决策，演练采用了沉浸式的情景导入方式。演练人员与专业视频制作团队合作，该团队可为演练各阶段分别制作背景影片作为情景引导，视频播放前演练指挥大厅暂时封闭，全场暗光静音，全体人员就位停止活动，创造类似于影院的环境。利用现场大型视频会议系统大屏播放影片，将各阶段情景以现场各类监控直播画面、新闻报道、境外媒体报道、自媒体报道及网络监测舆情等形式呈现，将决策者“推”到直面巨灾的第一视角。声光影像情景导入后，由工作人员向参演人员报送灾情相关文件，各类文件模仿政府专报和信息快报的行文及样式，将 5.1 节所述灾情信息参考真实突发事件应对中信息传播的速度和精度传达至决策者。

5.2.2 决策过程控制

演练虽然包括了震后 1 小时、震后 1 天、震后 3 天以及救援结束等不同阶段，但根据研究目的，本书只讨论震后 1 小时内的全局性决策情况。

如图 5-1 所示，演练共设三个指挥部，分别为最高的国家级指挥部以及震中和其他受灾地区的两个地方指挥部，其中国家级指挥部根据演练规模的不同，人数控制在 10～30 人。每个指挥部参照真实情况设指挥长一名、副指挥长两名以及若干职能工作组。演练中角色的任务、职责、行为目标与指导原则，参照国家及相关地方的地震应急预案，模拟真实情况下指挥部的设置。在演练的主线任务中，各指挥部均模拟现实情景展开决策指挥。

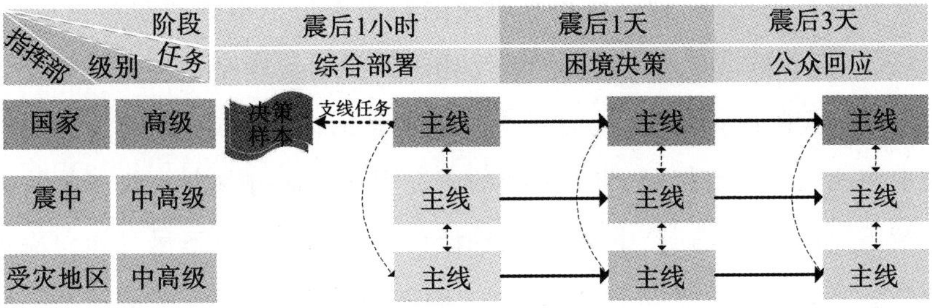

图 5-1　决策样本生成示意图

因组成模拟国家级指挥部的全体成员的实际职位条件均等，具备设置平行决策者角色的条件。演练在第一阶段的决策环节特别设计了支线任务，使模拟国家指挥部人员的全体成员不再受主线任务中的角色限制，每人均以指挥长身份独立对决策建议草案进行审阅批示。该支线任务是演练开始后的首个任务，参演人员在签批草案时，只接收了最初的灾情报告，尚未开会商讨。支线任务完成后，回收全体决策者的签批草案手稿并将其作为决策样本，之后演练再次进入主线任务。

5.2.3　决策建议与漏洞

以下是国家级抗震救灾指挥部在演练中布置该任务时的文字实录。

“……现在大家大概了解了地震发生后 1 小时之内的主要震情、灾情和舆情。现在进行第二项动作，请大家在 1 页纸的代拟稿上进行签批。我们已经帮大家拟好了 8 条具体的意见建议。大家根据自己的理解，假设在座的每位学员都是首长，你就这次地震做指示、提要求，大家在 8 条意见的基础上进行修改完善……”

决策建议草案内容选自玉树地震真实决策部署，与演练模拟的决策时机基本匹配。该草案用以代替包括应急预案、决策层商讨以及专家建议等在内的多种决策方式和决策过程。参演人员除了职位级别相当外，在性别、年龄、地域、职务等方面均存在随机差异，并且多数人员没有应急管理的职业经历(这一点并不妨碍他们在未来承担类似的角色)。基于该前提,为防止参演决策者因缺乏相关经验而选择全盘接受草案建议以规避巨大的决策压力,同时考虑如果草案的内容太过“优化”,从而间接迫使决策者全盘接受,将使后续的研究因无法区分判断决策者是消极决策还是认同决策而产生误差,演练设计了与真实情况下尽可能向决策者提供完备的决策建议不同的做法,演练对建议草案设计了关于基础设施恢复和信息发布与舆情管控两个决策漏洞。其中,信息发布与舆情管控同灾民的切身利益、公众的知情权以及社会情绪和秩序的稳定有关;基础设施恢复与救援则同应急行为等一系列行动相关。在地震初期的应急决策中,类似的部署是常规且经过实践检验的,分别体现了初期决策的宏观性和紧急性,同时初期决策具有一定的隐蔽性。演练使用的建议草案原文如下:

“一要全力加强人员搜救,这是第一位的工作;

二要千方百计救治伤员,需要转运外地的伤员要尽快转运;

三要做好受灾群众的安置工作,确保满足受灾群众的衣被、帐篷、食品等需要;

四要高度重视防范次生灾害的发生,对病险水库、塘坝要加强监测,并采取措施确保安全;

五要加强震情监测预报和分析研判;

六要做好维护社会稳定的各项工作,切实维护灾区社会秩序;

七要充分发挥基层党员干部的先锋模范带头作用,充分发挥解放军、武警部队和公安干警的突击队作用;

八要加强抗震救灾组织领导,坚持科学抗震救灾、依法抗震救灾、合力抗震救灾,有力、有序、有效地抗震救灾。”

5.2.4 样本生成

演练要求参演决策者在15分钟内完成决策建议草案的修改签署。

为保证决策样本的质量，需对收回的手稿进行符合性检查和筛选。判定样本有效的条件是：①有批示；②字迹可辨识；③内容为相关决策命令。

上述演练自 2018 年 5 月至 2019 年 4 月共组织了三轮。每轮演练除参演人员外所有要素均不变，三轮演练中所有提供样本的参演人员的级别基本一致，同时其性别、年龄、背景、职务等存在随机差异，间接稀释了主观因素对决策的影响。演练收回的决策样本情况为：第 1 轮演练收回有效决策样本 16 份，第 2 轮收回有效决策样本 13 份，第 3 轮收回有效决策样本 26 份，共计 55 份。

对三轮演练生成的决策样本分别编组，第 1 轮的样本为 A 组，第 2 轮的为 B 组，第 3 轮的为 C 组，每组内部从 1 至该组样本最大数对各样本随机编号，单个样本以“组名＋编号”标记，如“A01”“C22”等。各样本编号一旦确定便不再更改。样本原件逐一经影印保存为电子图像，以便观察分析修改手迹，这是决策行为数据的样本来源；同时根据其修改将由决策者最终确认的决策内容转录为可编辑的文本，校对后保存，作为决策数据的样本来源。

需特别说明的是，样本虽然按照不同的生成轮次进行编组，但其目的仅为方便数据整理，后续的数据分析中仍按 55 份全样本统一规划。

5.3　数据处理与结果

5.3.1　决策任务与分级

样本中的应急决策通过决策者部署的任务体现。按照前文 5.2.2 节所述，决策数据的提取方法是对建议草案及全样本中的决策任务进行识别。考虑到任务对象可能在宏观、微观上的体量差异，将决策任务分为两级：一级任务与二级任务。当决策者在主任务后进一步做细化解释或为其实施提出具体要求，导致产生了新的可提取任务，则将新任务列为主任务下的二级子任务。考虑到在应急中全局性决策的颗粒度，子任务下更为细化的小微任务将不再分级，直接并入二级任务。使用 NVivo12 质性分析软件的编码功能对建议草案和全样本中识别出的任务进行编码，节点以决策任务名称命名。图 5-2 是在 NVivo12 中部分任务节点（图左侧）以及“动态报告”节点关联的样本内容索引（图右侧）界面截图。

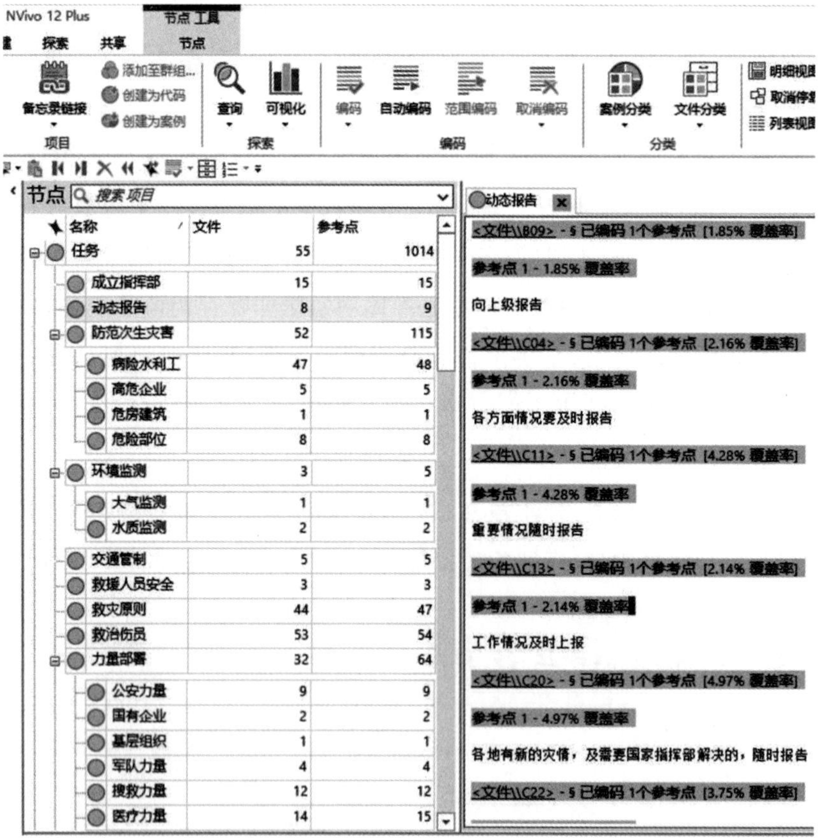

图 5-2　NVivo12 中部分任务节点及“动态报告”节点关联的样本内容索引界面截图

表 5-12 对全样本编码的一级、二级任务进行了汇总，并统计了每个任务的样本来源数。表中对建议草案中的任务进行了加粗标记。由表

可见,草案中的全部任务均不同程度地被决策者接受、选择。针对假想的特大地震情景,建议草案提供了 10 个一级任务和 4 个二级任务,通过 55 位决策者的修改与补充,全样本包含的决策任务达到了一级任务 32 个,二级任务 31 个。

表 5-12　全样本决策任务(节点)统计

一级任务		二级任务		样本数量	一级任务		二级任务		样本数量
1	成立指挥部			15	14	群众疏散			2
2	动态报告			8	15	**人员搜救**			54
3	**防范次生灾害**			52	16	**社会维稳**			52
		1	**病险水利工程**	46	17	涉外事务			1
		2	高危企业	5	18	生命通道(基础设施)			29
		3	危险部位	8			1	道路交通	22
		4	危房建筑	1			2	电力	8
4	环境监测			3			3	给排水	4
		1	大气监测	1			4	广播	1
		2	水质监测	2			5	航空	2
5	交通管制			5			6	能源	1
6	救援人员安全			3			7	通信	19
7	**救治伤员**			52	19	物资调拨			10
8	**救灾原则**			45	20	协调沟通			10
9	力量部署			32	21	信息发布			23
		1	公安力量	9	22	遗体管理			1
		2	国有企业	2	23	疫情防治			17

续表

一级任务		二级任务		样本数量	一级任务		二级任务		样本数量
		3	基层组织	1	24	舆情管控			23
		4	军队力量	4			1	媒体沟通	3
		5	搜救力量	12			2	媒体宣传	2
		6	医疗力量	14			3	谣言防控	2
		7	政府机关	7	25	灾情核实汇总			11
		8	专家力量	4	26	**震情监控研判**			53
		9	综合部署	6	27	制定专项方案			1
10	力量动员			48	28	重点部位安保			5
		1	**党组织动员**	48	29	**转运伤员**			43
		2	**军警动员**	46	30	**组织领导**			46
		3	社会力量动员	4	31	组织自救			7
11	启动应急响应			24	32	其他			1
12	气象预报			2					
13	**群众安置**			48					
		1	**食宿**	45					
		2	药品	3					
		3	饮用水	9					

需要说明的是，在进行任务分类和分级（包括命名）的数据提取过程中，基于理论“从材料中来”的理念，除了明确“应急响应初期全局性决策部署应该是综合性的、提纲式的”这个基本原则外，不再提前预设任何框架，信息数据均从样本中来。如表 5-12 所示，部分一级任务（如“力量部署”等）里包括了多项任务，鉴于决策者们基本采用了类似封装描述的方

式，编码时故未将其分解；部分任务（如“道路交通”）在样本中的覆盖率显著，而与其属于同一范畴的其他任务则在全样本中分布零散，若区别分级无法实现逻辑上的自洽，则选择其共同的上层任务（如“生命通道”）作为一级任务；还有些针对某些具体事项的任务（如“遗体管理”等），在样本中既没有与之相近的任务可供组合，也无决策者提出更为概括性的任务，因此单独作为一级任务。在对任务进行编码的过程中类似的困难还有很多，这些困难共同造成了决策数据的任务间颗粒度不均以及分类分级难以优化的问题。然而这种情况是对参演人员应急决策的写实反映，且不影响后续的决策行为分析，因此本研究选择保留样本数据的原貌，不对任务分级命名做优化干预。

5.3.2　修改行为

使用 NVivo12 软件，以决策者对草案的修改方式为节点对三组共 55 份样本进行编码。节点设置为新增、删除、调序和重置。编码原则为：①将样本中由决策者写入的内容，以插入的位置为单位编码标记为“新增”；②被删除的内容以关联备忘录的形式编码标记为“删除”；③决策者对建议草案原任务排序的调整标记为“调序”，按 5.2.2 节所述方法仅对主动性调整（如使用箭头或数字序号）进行编码，对于因新增和删除导致的原任务序号变动不做编码标记；④如决策者舍弃草案重拟决策部署，样本整体标记为“重置”，与 5.2.2 节中所述方法有别的一点是，对于重置的样本，仍根据其与决策任务和建议草案的差异进行了新增和删除的编码，目的是掌握全样本对决策任务的调整，为后续分析提供完整数据。图 5-3 是在 NVivo12 中“修改”节点（图左侧）以及“重置”节点关联的样本内容索引（图右侧，部分信息处理）的界面截图。

图 5-3　NVivo12“修改”节点及“重置”节点关联的样本内容索引界面截图

图 5-4 是 NVivo12 各样本对建议草案删除情况的备忘录(左侧)以及“删除”节点关联的备忘录内容索引(右侧)的界面截图。

图 5-4　NVivo12 各样本对建议草案删除情况的备忘录及“删除”

节点关联的备忘录内容索引界面截图

因删除修改无法在决策样本中编码(相关内容已被决策者删除,无法引用),故对有删除修改的样本使用备忘录一对一进行编码。如图5-3所示,“删除”节点的文本数为27,表示全样本中共有27位决策者进行了删除修改;同时,“新增”节点的文本数为55,表示全部决策者都进行了新增修改。图5-3中“修改”节点的总文本数为82,为上述两个节点所引文本数的总计,实际样本数仍为55。

从修改方式上看:27位决策者共计进行了84处删除;22位决策者共计进行了63处任务调序,其中有3位同时进行了序号的单一调整和局部的复杂调整;全部55位决策者共计进行了250处新增修改,包括决策任务的内容修改,其中有16位还对建议草案进行了28处其他语言文字类修改;有6位决策者放弃原建议草案,进行了独立的决策制定。

从修改特征上看,除6位重置决策的决策者外,编码中共记录了其他49位决策者共计448个修改行为特征。从每处修改的幅度上看:以句或半句为单位进行修改的决策者最多,为38人,共修改107处;以段落为单位进行修改的决策者人数次之,为31人,共计修改66处;以字词为单位的修改人数在决策者中所占比例最少,为22人,共计修改48处。从修改的不同位置上看:有44人采用了在建议草案中插入补充内容的方式;有18人使用过留白备注;对草案文字进行涂改的决策者最少,共计14人。

编码完成后利用NVivo12的矩阵编码查询功能导出4.5.1节所述全样本修改行为数据矩阵,同时将各样本与建议草案原文进行了文字相似性比较,使用杰卡德(Jaccard)系数[162]表示,即

$$J(A,B)=\frac{|A\cap B|}{|A\cup B|}=\frac{|A\cap B|}{|A|+|B|-|A\cap B|} \tag{5-1}$$

杰卡德系数表示A、B两个集合的比较,即在集合A和集合B中的交集越多,两者相似度越高。结果整理见表5-13。

表 5-13　全样本修改行为数据矩阵

样本编号	新增(n)	删除(d)	调序(q)	重置(r)	其他(o)	插入(i)	涂改(a)	留白(m)	字(w)	句(s)	段(p)	文字相似性(Jaccard 系数)
A01	1	5	1	0	0	1	0	0	1	0	0	0.568
A02	2	0	1	0	0	1	0	1	0	1	0	0.680
A03	2	2	8	0	1	2	1	0	0	1	1	0.835
A04	3	2	1	0	0	2	1	0	0	3	0	0.714
A05	4	0	0	0	0	4	0	0	2	2	0	0.814
A06	3	0	0	0	0	3	0	0	0	3	0	0.776
A07	4	0	0	0	0	4	0	0	0	2	2	0.606
A08	3	3	1	0	0	3	0	0	0	1	2	0.624
A09	3	0	0	0	0	3	0	0	0	3	0	0.838
A10	3	0	3	0	1	1	1	2	1	2	1	0.678
A11	5	0	0	0	0	4	0	1	1	3	1	0.847
A12	3	0	0	0	2	4	1	0	4	1	0	0.871
A13	4	0	1	0	1	4	1	0	1	1	3	0.632
A14	5	0	0	0	0	4	1	0	0	2	2	0.532
A15	1	4	0	0	0	1	0	0	0	0	1	0.489
A16	1	0	0	0	0	1	0	1	0	0	1	0.675
B01	3	1	1	0	0	3	0	0	0	0	3	0.748
B02	3	3	7	0	0	1	1	1	2	1	1	0.733
B03	5	3	8	0	1	4	2	0	4	2	0	0.730
B04	6	1	6	0	0	6	0	0	0	3	3	0.672
B05	1	1	3	0	0	1	0	0	0	0	1	0.878
B06	3	0	0	0	0	3	0	0	1	2	0	0.883
B07	6	7	0	1	0	0	0	0	0	0	0	0.154

续表

样本编号	新增(n)	删除(d)	调序(q)	重置(r)	其他(o)	插入(i)	涂改(a)	留白(m)	字(w)	句(s)	段(p)	文字相似性(Jaccard 系数)
B08	10	6	0	1	0	0	0	0	0	0	0	0.150
B09	3	2	1	0	0	3	0	0	0	0	3	0.663
B10	1	1	4	0	0	0	0	1	0	1	0	0.862
B11	8	7	0	1	0	0	0	0	0	0	0	0.130
B12	4	0	0	0	0	4	0	0	0	3	1	0.623
B13	4	3	4	0	0	0	0	6	0	0	6	0.328
C01	5	1	0	0	1	5	0	1	1	1	3	0.540
C02	4	0	0	0	0	3	0	1	1	0	2	0.488
C03	5	0	0	0	0	4	0	1	0	3	2	0.568
C04	10	1	1	0	1	9	1	1	1	5	3	0.526
C05	6	0	1	0	0	6	0	0	0	6	0	0.669
C06	6	0	0	0	2	6	0	0	2	4	0	0.735
C07	5	0	0	0	0	0	0	1	0	0	5	0.716
C08	2	0	0	0	0	1	0	1	0	0	1	0.638
C09	4	8	0	1	0	0	0	0	0	0	0	0.144
C10	7	0	0	0	0	5	2	0	3	4	0	0.827
C11	3	6	1	0	1	4	0	0	0	2	1	0.310
C12	8	0	0	0	1	7	0	1	1	6	0	0.615
C13	5	0	0	0	0	5	0	0	1	2	2	0.672
C14	3	0	2	0	6	8	0	1	6	2	0	0.592
C15	8	0	0	0	0	8	0	0	0	7	1	0.557
C16	3	1	0	0	1	3	0	1	1	2	0	0.827
C17	4	0	0	0	0	4	0	0	0	2	2	0.728

续表

样本编号	新增(n)	删除(d)	调序(q)	重置(r)	其他(o)	插入(i)	涂改(a)	留白(m)	字(w)	句(s)	段(p)	文字相似性(Jaccard 系数)
C18	4	0	1	0	1	5	0	0	1	2	2	0.697
C19	6	1	0	0	2	7	1	0	3	3	1	0.598
C20	9	4	0	1	0	0	0	0	0	0	0	0.343
C21	4	0	0	0	2	5	1	0	0	6	0	0.741
C22	6	0	0	0	0	0	0	6	0	0	6	0.648
C23	10	1	0	0	4	9	5	0	9	5	0	0.628
C24	8	1	1	0	0	7	1	0	1	6	1	0.493
C25	6	5	0	1	0	0	0	0	0	0	0	0.199
C26	5	4	3	0	0	0	0	1	3	0	2	0.336

5.3.3 基于偏好模型的样本分类

得到决策行为数据后，根据4.5.2节中对建议采纳行为导向模型的解释尝试对三轮演练的决策者进行分类。步骤如下。

5.3.3.1 尝试用决策行为数据描述模型中各类型的决策者

一是以决策者为导向的决策者。“重置”表示决策者不接受建议草案的形式或内容，是以决策者为导向的决策者独有的一种特殊行为方式，因此有“重置”编码的样本应归入此类；除“重置”外，“删除”也是对建议草案的否定，同时决策文本与建议草案相似度越低，越能证明该决策者有更倾向于自我的判断和意见，因此删除行为次数高于全样本均值且文字相似性低于全样本均值的样本应归入此类；以存在删除行为作为控制条件，注意修改次数过多应属于以优化决策为导向的决策者的行为特征，因此以决策者为导向的分类方式应优先考虑那些修改方式总计低于均值的样本，在此基础上那些不过多拘泥于细节而以段落修改为主的决策者符合该类型的设定。

二是以决策支持为导向的决策者。首先排除有重置行为的决策者，同时考虑到删除建议草案内容对以决策支持为导向的决策者而言压力巨大，因此暂时排除有“删除”编码的样本；与建议草案的文本相似度高是以决策支持为导向的决策者的特点，因此文字相似性不低于全样本均值的样本方能考虑归入该类型；此外，在 5.5.2 节对以决策支持为导向的决策者的分析中认为留白应是其典型行为特征，故以“留白”编码作为分类依据之一；同以决策者为导向的决策者类似，修改次数过多也不是以决策支持为导向的决策者的行为特征，因此该类型仅考虑那些修改方式总计不大于全样本中位数的样本。

三是以优化决策为导向的决策者。修改次数多方能证明决策者与建议草案的互动，因此该类型首先确认修改方式总计超过全样本均值的样本；除修改次数外，以优化决策为导向的决策者的修改方式多样、特征多变，因此对于修改次数在中位数附近的样本，综合考虑修改特征节点中那些“词”“句”和“段”都有编码的样本以及那些“涂改”编码多的样本。

四是以顺利决策为导向的决策者。该类型较前三个类型而言，典型特征较难以通过修改行为表现，因此考虑在上述三类决策者分类完成后，对未分类样本根据该类型的特征进行审核控制。与以优化决策为导向的决策者相反，以顺利决策为导向的决策者强调时效性，因此首先排除修改次数过多的样本，修改方式总计应低于全样本中位数；与以决策者为导向的决策者不同，以顺利决策为导向的决策者的决策通常不会与建议草案产生过多的差异，因为这样可能导致决策过程进入讨论拉锯阶段，故优先考虑那些文字相似性不低于全样本均值的样本。

5.3.3.2　决策者第一次分类型筛选

根据 5.3.3.1 小节所述，使用 Excel 软件的筛选功能，对全样本进行第一次分类，结果如表 5-14 所示，其中加粗字为争议样本。

表 5-14 全样本初次分类结果

决策者类型	筛选条件	样本
以决策者为导向	重置＞0；或者文字相似度≤0.61（均值）且删除＞1.53（均值）；或者删除＞0且修改方式总计≤7（均值＝7.78），且“段”编码＞1	A01，A08，A15，B01，B07，B08，B09，B11，**B13**，**C01**，C09，**C11**，C20，C25，**C26**
以决策支持为导向	重置＝0，删除＝0，留白＞0，修改方式总计≤6（中位数），文字相似度＞0.61（均值）	A02，A11，A16，C07，C08，C22
以优化决策为导向	重置＝0且修改方式总计＞7.78（均值）；或者6≤修改方式总计≤7，且“字”编码＞0，且“句”编码＞0，“段”编码＞0；或者6≤修改方式总计≤7，且“涂改”编码＞0	A03，A04，A10，A13，B02，B03，B04，**B13**，**C01**，C04，C06，C10，**C11**，C12，C14，C15，C18，C19，C21，C23，C24，**C26**
以顺利决策为导向	未满足上述条件，且文字相似度≥0.61（均值），修改方式总计＜7	A05，A09，A12，B05，B06，B10，B12，C13，C16，C17

5.3.3.3 争议样本及未分类样本分析

经第一次分类后发现，在以决策者为导向的决策者中有B13、C01、C11和C26等四个样本分别在以优化决策为导向的决策者中重复出现。复检后发现，因对于以优化决策为导向的决策者，无法对样本与建议草案的文字相似性做规定，导致该四个具有典型以决策者为导向特征的样本因存在高频次的修改行为而同时归入以优化决策为导向型分类，故该四个样本依据其典型特征确定为以决策者为导向型。

除存在争议的样本外，全样本中还有未分类集合{A06，A07，A14，C02，C03，C05}。其中，A06 号样本修改次数少、文字相似性较高，符合以决策支持为导向型的特征，且不具有其他类型的特征，故将其归入以决策支持为导向型；A07 号样本修改次数较少，文字相似性接近均值，在不具备其他典型特征的情况下，将其归入以顺利决策为导向型；A14、C02 和 C03 号样本修改次数和文字相似性均低于全样本中位数，较符合以决策者为导向型的特征；C05 号样本修改次数接近均值且文字相似性偏高，与以决策者为导向型相比更倾向于以优化决策为导向型的特征，故将其归入以优化决策为导向型。

5.3.3.4　基于偏好模型的样本分类

经上述分析整理，基于偏好模型的样本分类见表 5-15。

表 5-15　基于偏好模型的样本分类

决策者类型	样本	数量	全样本占比
以决策者为导向	A01，A08，A14，A15，B01，B07，B08，B09，B11，B13，C01，C02，C03，C09，C11，C20，C25，C26	18	32.7%
以决策支持为导向	A02，A06，A11，A16，C07，C08，C22	7	12.7%
以优化决策为导向	A03，A04，A10，A13，B02，B03，B04，C04，C05，C06，C10，C12，C14，C15，C18，C19，C21，C23，C24	19	34.5%
以顺利决策为导向	A05，A07，A09，A12，B05，B06，B10，B12，C13，C16，C17	11	20.0%

通过分类可见，在整体人数分布上，以优化决策为导向的决策者人数最多，以决策者为导向的次之，以顺利决策为导向的再次，以决策支持为导向的决策者人数最少。从分布情况看，与决策者的群体特征较为吻合。

5.3.4 样本聚类检验与修正

5.3.3 节使用建议采纳中的决策行为导向模型对样本进行了分类，并发现四种决策者类型以及人数分布能够较好地反映决策者群体特征，但这种判断仍需进一步验证。本节应用 NVivo12 软件的聚类分析功能，以样本的修改行为数据为参数，按编码相似性对全样本进行聚类，将聚类结果与分类结果进行比对，实现决策者类型的验证。

如 5.3.2 节所述，由于“删除”编码在备忘录中，样本文件的实际编码缺失了一类，导致使用 NVivo12 软件的按编码相似性聚类功能直接对样本进行分析将产生较大误差。因此建立项目副本，将原备忘录编码手动添加至样本，形成副本，确保该副本项目中的样本编码与真实决策表现一致。修正后，如图 5-5 所示，原项目样本的编码和参考点在 27 个样本中出现变化，其变动数与备忘录中的编码数一致。

一区 原项目中链接删除备忘录的文件及其编码和参考点			二区 原项目备忘录中的文件及其编码和参考点			三区 副本项目中链接删除备忘录的文件及其编码和参考点		
文件			备忘录			文件		
名称	编码	参考点	名称	编码	参考点	名称	编码	参考点
A01	21	37	A01删除	1	5	A01	22	52
A03	30	105	A03删除	1	2	A03	31	111
A04	27	71	A04删除	1	2	A04	28	77
A08	26	66	A08删除	1	3	A08	27	75
A15	19	32	A15删除	1	4	A15	20	44
B01	31	82	B01删除	1	1	B01	32	85
B02	36	112	B02删除	1	3	B02	37	121
B03	33	138	B03删除	1	3	B03	34	147
B04	33	138	B04删除	1	1	B04	34	141
B05	27	55	B05删除	1	1	B05	28	58
B07	23	73	B07删除	1	7	B07	24	94
B08	24	90	B08删除	1	6	B08	25	108
B09	30	77	B09删除	1	2	B09	31	83
B10	26	59	B10删除	1	1	B10	27	62
B11	21	63	B11删除	1	7	B11	22	84
B13	30	113	B13删除	1	3	B13	31	122
C01	31	101	C01删除	1	1	C01	32	104
C04	40	169	C04删除	1	1	C04	41	172
C09	14	34	C09删除	1	8	C09	15	58
C11	25	70	C11删除	1	6	C11	26	88
C16	27	73	C16删除	1	1	C16	28	76
C19	35	132	C19删除	1	1	C19	36	135
C20	31	90	C20删除	1	4	C20	32	102
C23	33	198	C23删除	1	1	C23	34	201
C24	42	150	C24删除	1	1	C24	43	153
C25	24	64	C25删除	1	5	C25	25	79
C26	20	55	C26删除	1	4	C26	21	67

说明：“删除”编码节点为“修改”节点下的“方式”节点下的第三级节点，从子项合计编码时参考点被合计统计，故：三区参考点 = 一区参考点 +二区参考点×3

图 5-5　NVivo12“删除”编码修正前后对比界面截图

对比编码修正前后按编码相似性聚类的不同结果，图 5-6 为修正前的结果，图 5-7 为修正后的结果，可见修正后的样本聚类更加清晰紧凑。

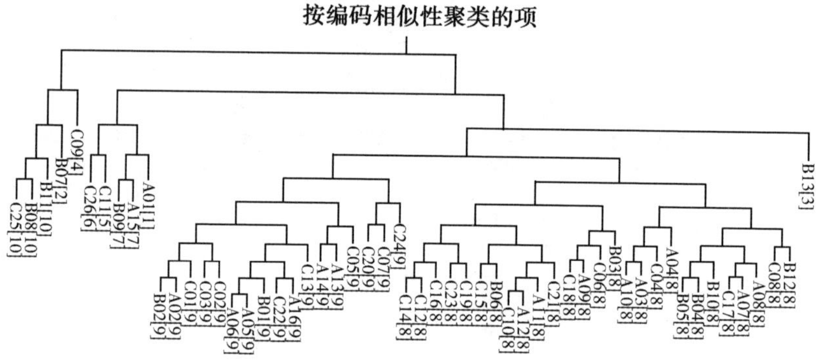

图 5-6　编码修正前按编码相似性聚类图

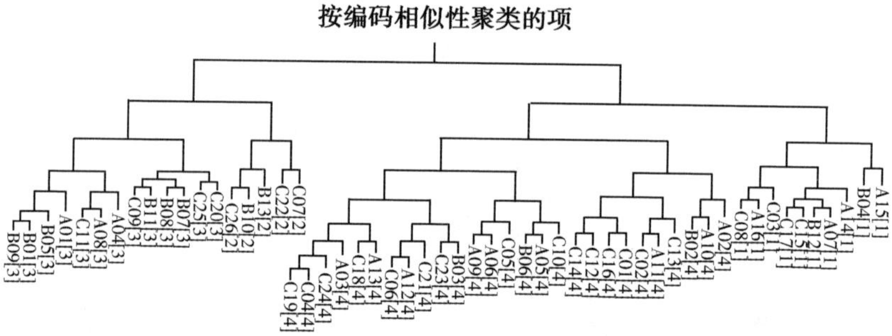

图 5-7　编码修正后按编码相似性聚类图

为对比聚类结果与 5.3.3 节基于偏好模型的分类结果间的差异，按图 5-7 中的排布，将样本两端连接成环状，再根据 5.3.3 节的分类结果对环上样本进行区分。如图 5-8 所示，环上主体浅灰色区块为聚类图中的第 4 簇，主体黑色区块为第 3 簇，代表以决策支持为导向的深灰色区块较小，主要分布在浅灰色和黑色区块的连接处。结合图 5-7 可知，在不影响聚类结果的前提下，若将同枝的第 1 簇和第 4 簇对调即可将深浅色区块合并，代表以顺利决策为导向的最浅色样样本在环中较为分散。整体上看，基于偏好模型分类与按编码相似性聚类在结果上有显著的重合。

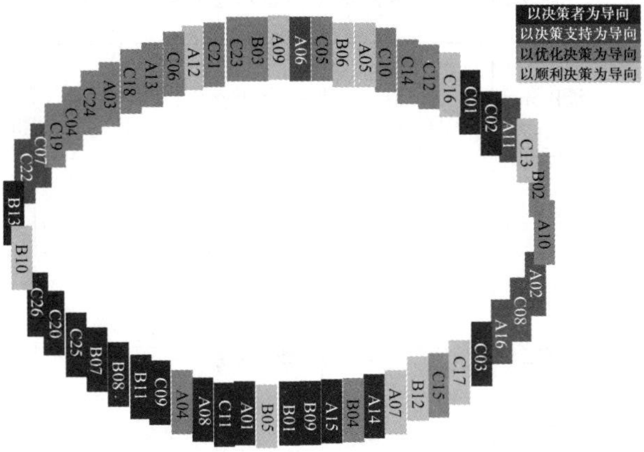

图 5-8　聚类样本着色环状图

5.3.5　决策表现

决策表现主要是对 4.6.1 节中决策者全局性决策行为分析的主要指标进行回应。

5.3.5.1　情景相关程度

根据前文 5.3.1 节所述方法对全样本的一级、二级任务进行情景相关性分析，以－1、0、0.5、1 四个刻度表示任务与情景的相关程度，其中，直接正相关为“1”，间接正相关为“0.5”，不相关为“0”，负相关为“－1”，同时以样本任务与建议草案的相关性为参考。

如表 5-16 所示，与情景正相关的任务占全样本任务的 93.65％，反映决策者良好的“情景-应对”能力；有 1 项具体内容为安排接待等的“其他”任务与情景无关；“启动应急响应”和“成立指挥部”根据情景信息已经完成，故该两项任务与情景冲突，为负相关；此外，情景设置中特别提出道路损毁严重，“群众疏散”任务要求在灾情初期将大规模灾区群众转移（与群众安置任务内容不同），与情景冲突，故为负相关。

表 5-16 全样本任务与情景和建议相关程度

一级任务	二级任务	情景相关度	建议草案相关度	一级任务	二级任务	情景相关度	建议草案相关度
成立指挥部		−1	0	群众疏散		−1	0
动态报告		1	0	**人员搜救**		1	1
防范次生灾害		1	1	**社会维稳**		1	1
	病险水利工程	1	1	涉外事务		1	0
	高危企业	1	0	生命通道（基础设施）		1	0
	危险部位	1	0		道路交通	1	0
	危房建筑	1	0		电力	1	0
环境监测		0.5	0		给排水	1	0
	大气监测	0.5	0		广播	1	0
	水质监测	0.5	0		航空	1	0
交通管制		1	0		能源	1	0
救援人员安全		0.5	0		通信	1	0
救治伤员		1	1	物资调拨		1	0
救灾原则		0.5	1	协调沟通		1	0
力量部署		1	0	信息发布		1	0
	公安力量	1	0	遗体管理		1	0
	国有企业	0.5	0	疫情防治		0.5	0
	基层组织	1	0	舆情管控		1	0
	军队力量	1	0		媒体沟通	1	0
	搜救力量	1	0		媒体宣传	1	0
	医疗力量	1	0		谣言防控	1	0
	政府机关	1	0	灾情核实汇总		1	0

续表

一级任务	二级任务	情景相关度	建议草案相关度	一级任务	二级任务	情景相关度	建议草案相关度
	专家力量	1	0	**震情监控研判**		1	1
	综合部署	1	0	制定专项方案		0.5	0
力量动员		0.5	1	重点部位安保		0.5	0
	党组织动员	0.5	1	**转运伤员**		1	1
	军警动员	0.5	1	**组织领导**		0.5	1
	社会力量动员	0.5	0	组织自救		1	0
启动应急响应		−1	0	其他		0	0
气象预报		1	0				
群众安置		1	1				
	食宿	1	1				
	药品	1	0				
	饮用水	1	0				

项目	相关程度	任务数	占比
全样本任务与情景相关性统计	直接正相关	45	71.43%
	间接正相关	14	22.22%
	不相关	1	1.59%
	负相关	3	4.76%

按演练分组统计全样本在任务与情景相关性方面的表现，每组统计各样本的总任务数，分析各任务在不同情景相关程度上的分布以及占比。设某样本统计的总任务数为 T，与情景直接正相关的任务数量为 P，占比 $R_p=P/T$；与情景间接正相关的任务数量为 P'，占比 $R_{p'}=P'/T$；与情景不相关的任务数量为 I，占比 $R_i=I/T$；与情景负相关的任务数量为 N，占比 $R_n=N/T$；且 $T=P+P'+I+N$。全样本任务与情景相关程度统计见表 5-17。

表 5-17 全样本任务与情景相关程度统计表(按演练分组)

A组		A01	A02	A03	A04	A05	A06	A07	A08	A09	A10	A11	A12	A13	A14	A15	A16
任务总数(T)		10	21	15	15	19	20	20	14	20	18	19	17	23	27	12	21
直接正相关(P)	R_p	8	15	10	9	13	14	14	11	15	12	12	12	18	20	12	16
		80.00%	71.43%	66.67%	60.00%	68.42%	70.00%	70.00%	78.57%	75.00%	66.67%	63.16%	70.59%	78.26%	74.07%	100.00%	76.19%
间接正相关(P')	$R_{p'}$	2	5	5	5	5	6	6	3	5	5	7	5	5	6	0	5
		20.00%	23.81%	33.33%	33.33%	26.32%	30.00%	30.00%	21.43%	25.00%	27.78%	36.84%	29.41%	21.74%	22.22%	0.00%	23.81%
不相关(I)	R_i	0	0	0	0	0	0	0	0	0	0	0	0	0	0	0	0
		0.00%	0.00%	0.00%	0.00%	0.00%	0.00%	0.00%	0.00%	0.00%	0.00%	0.00%	0.00%	0.00%	0.00%	0.00%	0.00%
负相关(N)	R_n	0	1	0	1	1	0	0	0	0	1	0	0	0	1	0	0
		0.00%	4.76%	0.00%	6.67%	5.26%	0.00%	0.00%	0.00%	0.00%	5.56%	0.00%	0.00%	0.00%	3.70%	0.00%	0.00%

续表

B组		B01	B02	B03	B04	B05	B06	B07	B08	B09	B10	B11	B12	B13
任务总数(T)		20	21	19	21	15	17	18	19	19	15	16	22	18
直接正相关(P)		13	14	13	14	9	11	15	15	14	10	13	15	8
	R_p	65.00%	66.67%	68.42%	66.67%	60.00%	64.71%	83.33%	78.95%	73.68%	66.67%	81.25%	68.18%	44.44%
间接正相关(P')		5	5	4	5	5	5	1	2	3	5	1	5	7
	$R_{p'}$	25.00%	23.81%	21.05%	23.81%	33.33%	29.41%	5.56%	10.53%	15.79%	33.33%	6.25%	22.73%	38.89%
不相关(I)		0	0	0	0	0	0	0	0	0	0	0	0	0
	R_i	0.00%	0.00%	0.00%	0.00%	0.00%	0.00%	0.00%	0.00%	0.00%	0.00%	0.00%	0.00%	0.00%
负相关(N)		2	2	2	2	1	1	2	2	2	0	2	2	3
	R_n	10.00%	9.52%	10.53%	9.52%	6.67%	5.88%	11.11%	10.53%	10.53%	0.00%	12.50%	9.09%	16.67%

续表

C组-1		C01	C02	C03	C04	C05	C06	C07	C08	C09	C10	C11	C12	C13
任务总数(T)		18	29	28	24	23	22	22	23	9	18	12	22	24
直接正相关(P)		12	22	19	16	18	16	17	17	5	12	11	17	18
	R_p	66.67%	75.86%	67.86%	66.67%	78.26%	72.73%	77.27%	73.91%	55.56%	66.67%	91.67%	77.27%	75.00%
间接正相关(P')		5	5	8	6	5	6	5	5	4	6	0	5	6
	$R_{p'}$	27.78%	17.24%	28.57%	25.00%	21.74%	27.27%	22.73%	21.74%	44.44%	33.33%	0.00%	22.73%	25.00%
不相关(I)		0	0	0	1	0	0	0	0	0	0	0	0	0
	R_i	0.00%	0.00%	0.00%	4.17%	0.00%	0.00%	0.00%	0.00%	0.00%	0.00%	0.00%	0.00%	0.00%
负相关(N)		1	2	1	1	0	0	0	1	0	0	1	0	0
	R_n	5.56%	6.90%	3.57%	4.17%	0.00%	0.00%	0.00%	4.35%	0.00%	0.00%	8.33%	0.00%	0.00%

续表

C 组-2		C14	C15	C16	C17	C18	C19	C20	C21	C22	C23	C24	C25	C26
任务总数(*T*)		19	17	15	19	21	22	26	19	21	21	28	19	15
直接正相关(*P*)		13	11	10	16	16	15	15	13	13	13	20	15	9
	R_p	68.42%	64.71%	66.67%	84.21%	76.19%	68.18%	57.69%	68.42%	61.90%	61.90%	71.43%	78.95%	60.00%
间接正相关(*P'*)		5	6	5	5	5	7	3	6	8	8	7	3	5
	R_p'	26.32%	35.29%	83.33%	26.32%	23.81%	31.82%	11.54%	31.58%	38.10%	38.10%	25.00%	15.79%	33.33%
不相关(*I*)		0	0	0	1	0	0	0	0	0	0	0	0	0
	R_i	0.00%	0.00%	0.00%	0.00%	0.00%	0.00%	0.00%	0.00%	0.00%	0.00%	0.00%	0.00%	0.00%
负相关(*N*)		1	0	0	0	0	0	1	2	0	0	1	1	1
	R_n	5.26%	0.00%	0.00%	0.00%	0.00%	0.00%	3.85%	10.53%	0.00%	0.00%	3.57%	5.26%	6.67%

5.3.5.2 对建议的利用

使用 NVivo12 的矩阵编码查询功能生成和导出全样本的任务统计数据，在 Excel 中对决策数据进行分析。将全样本逐一与建议草案进行任务比对，得出各样本对建议任务新增、删除和保留情况的统计(见表 5-18)。

表 5-18 全样本任务与建议相关程度统计表(按演练分组)

A 组	A01	A02	A03	A04	A05	A06	A07	A08
任务总数(T)	10	21	15	15	19	20	20	14
新增(N)	1	7	2	4	5	6	6	2
保留(K)	9	14	13	11	14	14	14	12
删除(D)	5	0	1	3	0	0	0	2
A 组	A09	A10	A11	A12	A13	A14	A15	A16
任务总数(T)	20	18	19	17	23	27	12	21
新增(N)	6	4	5	3	9	13	3	7
保留(K)	14	14	14	14	14	14	9	14
删除(D)	0	0	0	0	0	0	5	0

续表

B 组	B01	B02	B03	B04	B05	B06	B07	B08	B09	B10	B11	B12	B13
任务总数(T)	20	21	19	21	15	17	18	19	19	15	16	22	18
新增(N)	7	7	6	7	1	3	16	14	7	1	9	8	7
保留(K)	13	14	13	14	14	14	2	5	12	14	7	14	11
删除(D)	1	0	1	0	0	0	12	9	2	0	7	0	3

续表

C组	C01	C02	C03	C04	C05	C06	C07	C08	C09	C10	C11	C12	C13
任务总数(T)	18	29	28	24	23	22	22	23	18	12	22	24	9
新增(N)	6	15	14	11	11	8	8	9	7	4	7	8	10
保留(K)	12	14	14	13	12	14	14	14	2	14	5	14	14
删除(D)	2	0	0	1	2	0	0	0	12	0	9	0	0
C组	C14	C15	C16	C17	C18	C19	C20	C21	C22	C23	C24	C25	C26
任务总数(T)	19	17	15	19	21	22	26	19	21	21	28	19	15
新增(N)	5	3	2	5	7	8	12	5	7	8	15	12	6
保留(K)	14	14	13	14	14	14	14	14	14	13	13	7	9
删除(D)	0	0	1	0	0	0	0	0	0	1	1	7	5

5.3.5.3　对决策漏洞的修复

如 5.2.3 节所述,演练中设计了关于基础设施恢复和信息与舆情管控两个决策漏洞。通过观察全样本的决策数据发现,共有 3 个一级任务和 10 个二级任务对上述漏洞进行了回应。分别是:一级任务“舆情管控”,其下属 3 个二级任务分别为“谣言防控”“媒体宣传”和“媒体沟通”;一级任务“信息发布”;一级任务“生命通道(基础设施)”,其下属 7 个二级任务分别为“通信”“能源”“航空”“广播”“给排水”“电力”和“道路交通”。在编码统计上,由于二级任务已计入一级任务,故只采用一级任务的编码统计数据。此外,信息与舆情管控的决策漏洞分别有两个任务对应,本研究采用宽松原则,样本中出现其一即认为该决策者对相应漏洞进行了修复。按上述原则对全样本统计,统计结果见表 5-19,有 13 位决策者发现并修复了两个决策漏洞,15 位决策者对基础设施恢复方面的决策漏洞进行了修复,19 位决策者对信息与舆情管控方面的决策漏洞进行了修复,另有 8 位决策者未对建议草案中的决策漏洞进行修复。

表 5-19　全样本决策漏洞修复表现

表现	样本	统计
发现并修复两个决策漏洞	A05,A06,B01,B08,B11,C02,C03,C07,C08,C14,C19,C24,C25	13
修复基础设施恢复漏洞	A02,A09,A13,A14,A16,B02,B03,B07,C01,C05,C06,C13,C18,C22,C23	15
修复信息与舆情管控漏洞	A03,A07,A08,A15,B04,B12,C04,C17,A04,A10,A11,A12,B09,B10,B13,C09,C12,C20,C21	19
未修复漏洞	A01,B05,B06,C10,C11,C15,C16,C26	8

5.4　讨论与结论

5.4.1　决策者类型

在 5.3.3 节中已将三轮演练的决策者基于偏好模型进行了分类，在 5.3.4 节按修改编码的相似性也对全样本进行了聚类，并且从图 5-8 可以发现两种方法产生的决策者类型具有较好的融合性，二者融合后出现三个较为完整的区块。然而仅依据对决策支持的态度来尝试区别决策者类型，特别是在只有建议草案修改一种方式可参考的前提下是不充分的。因此，在现有数据处理结果的基础上，利用 NVivo12 软件根据修改行为和任务双重编码对全样本再进行聚类，可观察加入了决策变量后决策者类型的变化（见图 5-9）。

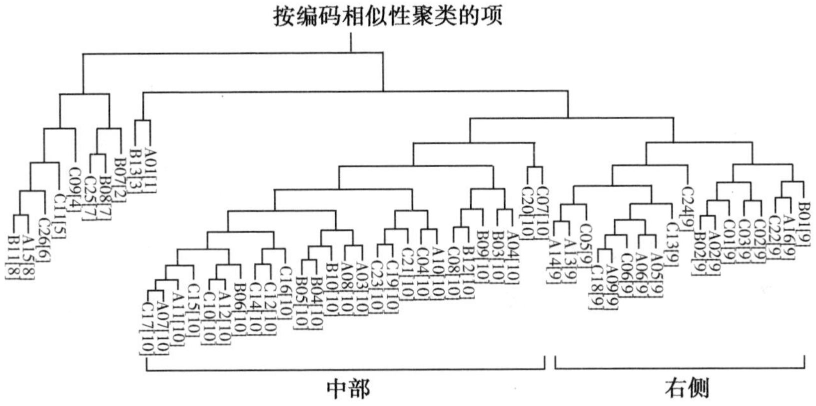

图 5-9　全样本修改行为和任务双重编码聚类

如图 5-9 所示，样本出现了明显的聚类现象。在选择了以最高簇数(10)标记样本的条件下，结合了决策任务编码后，样本中出现了两个大规模的聚集，且与其他簇的距离较远。在与多数样本分离、包含了全部小数簇的第 3 类聚集中共有 10 个样本，经比对发现，这 10 个样本全部来自以决策者为导向的决策者。再结合图 5-8 中环上的集中表现，证明决策者中确实存在这样一类在行为方式和决策内容两个维度上高度重合的有区分度的类型。在图 5-9 中除第 3 类聚集外，还有两大清晰完整的聚集，从样本在四个导向型分类中的分布看，图中部簇共有 27 个样本，其中以优化决策为导向型 13 个，占比接近 50%，以顺利决策为导向型 8 个，占比接近 30%，以上两种类型构成了该簇的主体，说明以优化决策为导向和以顺利决策为导向的决策者们的决策内容更为相近；而在图右侧簇中各类型分布较为分散，代表了各类型决策者们在决策内容上的共性。虽然不能直接通过任务和行为双重编码找到其他有区别度的类型，但图 5-9 也明确地显示了在样本中还存在不同的类型。在以修改行为主导的类型中以优化决策为导向型的样本特征明显，样本人数占多数，且与以决策者为导向型类似，该类型的样本在决策内容方面也有良好的区分度，因此考虑保留该大类。在已有的两个决策者类型中，一类以决策者为导向为主，具有较强的自主决策倾向；一类以优化决策为导向为主，具有与决策支持积极的互动倾向。为使第3类决策者能够与已有两类决策者均具有较好的区别度，除自主和互动两大特征之外，考虑以决策支持为导向的决策者具有的对决策支持的信任和依赖表现，因此，第3类决策者以决策支持为导向为主体，与已有的两个类型共同将决策者分为自主型、合作型和依赖型等三大类型。而以顺利决策为导向的决策者样本在修改行为聚类和叠加决策内容聚类时的表现均不理想，且与以优化决策为导向的决策者样本在决策任务叠加后出现了融合，故考虑取消该分类，以优化决策为导向的决策者样本为主要吸收主体，对原属以顺利决策为导向的决策者样本依据其决策行为表现在三大类中重新调整。方案如下：

属以顺利决策为导向的决策者样本共有11个，其中，A05、A09、B06和C17的修改行为数据反映，其修改次数较少，文字相似性高，且不具有“删除”等不符合以决策支持为导向决策者行为特征的修改，故将此4个样本调整为依赖型；剩余7个样本中不具有以决策者为导向决策者的显著行为特征，故整体并入合作型。

至此，对三轮演练中的55位决策者依据其决策行为产生的不同风格分类完毕。

如表5-20所示，在人数方面，合作型决策者共26人，在全样本中占比为47.3％；自主型决策者共18人，在全样中占比为32.7％；依赖型决策者共11人，在全样中占比为20％。在样本分布方面，三轮演练的决策者在各类型中均有不同程度的分布，整体分布较为均衡，但依赖型决策者中B组人数较少，这或与该组样本基数过少造成的小样本偏差有关。在行为特征表现方面，各类型差异显著，区分程度良好，其中自主型决策者对建议草案的改动幅度最大、删除任务最多且多针对段落修改；合作型决策者对建议草案的修改方式多样，决策视野跨宏观和微观两方面，多用涂改且注重语言文字的使用；依赖型决策者对建议草案的修改程度最小,各项修改行为指标均处于低位,其决策与建议草案的相似度最高。

表 5-20　全样本决策者分类及行为特征

<table>
<tr><td>决策者类型</td><td colspan="14">样本</td></tr>
<tr><td rowspan="3">自主型
18 人
(32.7%)</td><td colspan="14">A01,A08,A14,A15,B01,B07,B08,B09,B11,B13,C01,C02,C03,C09,C11,C20,C25,C26</td></tr>
<tr><td>中位数</td><td>↓ 0.42</td><td>↑ 9</td><td>↑ 4.5</td><td>↑ 4</td><td>↓ 0</td><td>→0</td><td>↓ 0</td><td>↓ 1</td><td>↓ 0</td><td>→0</td><td>↓ 0</td><td>↓ 0</td><td>↑ 1</td></tr>
<tr><td>均值</td><td>↓ 0.41</td><td>↑ 9.50</td><td>→4.72</td><td>↑ 3.7</td><td>→0.7</td><td>↑ 0.3</td><td>→0.1</td><td>↓ 1.7</td><td>→0.1</td><td>↑ 0.6</td><td>↓ 0.2</td><td>↓ 0.5</td><td>↑ 1.4</td></tr>
<tr><td colspan="2">行为特征</td><td>文字相似性</td><td>修改次数</td><td>新增</td><td>删除</td><td>调序</td><td>重置</td><td>其他</td><td>插入</td><td>涂改</td><td>留白</td><td>字</td><td>句</td><td>段</td></tr>
<tr><td>决策者类型</td><td colspan="14">样本</td></tr>
<tr><td rowspan="3">合作型
26 人
(47.3%)</td><td colspan="14">A03,A04,A07,A10,A12,A13,B02,B03,B04,B05,B10,B12,C04,C05,C06,C10,C12,C13,C14,C15,C16,C18,C19,C21,C23,C24</td></tr>
<tr><td>中位数</td><td>→0.68</td><td>→7</td><td>→4</td><td>↓ 0</td><td>↑ 1</td><td>→0</td><td>↑ 1</td><td>↑ 5</td><td>↑ 0.5</td><td>→0</td><td>↑ 1</td><td>↑ 2.5</td><td>↑ 1</td></tr>
<tr><td>均值</td><td>→0.69</td><td>→8.38</td><td>↑ 4.88</td><td>→0.7</td><td>↑ 1.8</td><td>↓ 0</td><td>↑ 1</td><td>↑ 4.7</td><td>↑ 0.7</td><td>↓ 0.3</td><td>↑ 1.6</td><td>↑ 3.1</td><td>↓ 0.9</td></tr>
<tr><td colspan="2">行为特征</td><td>文字相似性</td><td>修改次数</td><td>新增</td><td>删除</td><td>调序</td><td>重置</td><td>其他</td><td>插入</td><td>涂改</td><td>留白</td><td>字</td><td>句</td><td>段</td></tr>
<tr><td>决策者类型</td><td colspan="14">样本</td></tr>
<tr><td rowspan="3">依赖型
11 人
(20%)</td><td colspan="14">A02,A05,A06,A09,A11,A16,B06,C07,C08,C17,C22</td></tr>
<tr><td>中位数</td><td>↑ 0.73</td><td>↓ 3</td><td>↓ 3</td><td>↓ 0</td><td>↓ 0</td><td>→0</td><td>↓ 0</td><td>→3</td><td>↓ 0</td><td>→0</td><td>↓ 0</td><td>→2</td><td>↓ 0</td></tr>
<tr><td>均值</td><td>↑ 0.75</td><td>↓ 3.55</td><td>↓ 3.45</td><td>↓ 0</td><td>↓ 0.1</td><td>↓ 0</td><td>↓ 0</td><td>→2.7</td><td>↓ 0</td><td>→0.5</td><td>→0.4</td><td>→1.5</td><td>→1</td></tr>
<tr><td colspan="2">行为特征</td><td>文字相似性</td><td>修改次数</td><td>新增</td><td>删除</td><td>调序</td><td>重置</td><td>其他</td><td>插入</td><td>涂改</td><td>留白</td><td>字</td><td>句</td><td>段</td></tr>
</table>

5.4.2 描述性评价

根据决策行为数据完成决策者分类后，本节结合决策数据对不同类型决策者的决策进行描述性评价。

5.4.2.1 概况

在5.3.1节中对全样本进行了决策任务的编码，根据决策者分类将样本的决策数据进行统计整理。自主型决策者18人共计部署决策任务54个，其中一级任务22个，二级任务30个；合作型决策者26人共计部署决策任务49个，其中一级任务18个，二级任务31个；依赖型决策者11人共计部署决策任务41个，其中一级任务16个，二级任务25个。由上述数据可见，自主型决策者虽然人数不占优势，但部署的任务种类多于其他类型，导致该结果的原因应与其决策时偏好自主判断有关。按各样本部署的任务顺序赋序值，统计同一类型中各任务的序值和，得到各任务的平均序值，按平均序值排序可得该类型决策者的决策任务链，表5-21所示为各类型决策者的一级任务链对比。

表 5-21 不同类型决策者的一级任务链对比

自主型决策者			合作型决策者			依赖型决策者		
一级任务链	平均序值	人数/总人数	一级任务链	平均序值	人数/总人数	一级任务链	平均序值	人数/总人数
1.启动应急响应	1.4	13/18	1.人员搜救	2.0	26/26	1.人员搜救	1.5	11/11
2.成立指挥部	1.9	7/18	**2.启动应急响应**	2.6	7/26	2.灾情核实汇总	3.3	3/11
3.人员搜救	3.5	17/18	3.救治伤员	4.1	25/26	3.救治伤员	3.9	11/11
4.力量部署	3.8	4/18	4.力量部署	4.3	9/26	4.转运伤员	5.0	11/11
5.救治伤员	5.6	16/18	5.转运伤员	5.3	21/26	5.疫情防治	5.7	3/11

续表

自主型决策者			合作型决策者			依赖型决策者		
6.转运伤员	6.1	11/18	6.群众安置	6.7	25/26	6.群众安置	5.7	11/11
7.基础设施	6.8	9/18	7.成立指挥部	6.8	6/26	**7.启动应急响应**	6.0	3/11
8.协调沟通	7.2	5/18	8.物资调拨	8.4	5/26	8.防范次生灾害	8.3	11/11
9.组织自救	7.8	4/18	9.防范次生灾害	9.1	26/26	**9.基础设施**	9.7	6/11
10.疫情防治	9.2	6/18	**10.震情监控研判**	9.5	26/26	**10.震情监控研判**	10.0	11/11
11.群众安置	9.7	11/18	**11.疫情防治**	10.4	8/26	11.社会维稳	11.5	11/11
12.震情监控研判	9.9	16/18	**12.基础设施**	11.1	8/26	12.力量动员	13.6	11/11
13.灾情核实汇总	10.0	4/18	13.社会维稳	11.9	26/26	**13.舆情管控**	14.4	5/11
14.防范次生灾害	10.4	15/18	**14.舆情管控**	13.1	7/26	**14.信息发布**	15.3	3/11
15.动态报告	11.8	4/18	15.力量动员	13.2	26/26	15.组织领导	15.6	11/11
16.社会维稳	13.2	15/18	16.组织领导	14.4	25/26	16.救灾原则	16.7	11/11
17.信息发布	14.1	10/18	17.救灾原则	15.1	25/26			
18.救灾原则	14.2	9/18	**18.信息发布**	15.9	10/26			
19.物资调拨	15.0	4/18						
20.力量动员	15.1	11/18						
21.组织领导	15.1	10/18						
22.舆情管控	15.3	9/18						
共计部署决策任务 54 个，其中一级任务 22 个，二级任务 30 个			共计部署决策任务 49 个，其中一级任务 18 个，二级任务 31 个			共计部署决策任务 41 个，其中一级任务 16 个，二级任务 25 个		

由表 5-21 可见，各类型的任务链中均包含建议草案中的全部一级任务，此外还有 5 个共同的新增任务，其中，“启动应急响应”属于一般程序性决策，但在演练中该任务与情景呈负相关；“基础设施”“舆情管控”和“信息发布”分别指向对两个决策漏洞的修复情况；而“疫情防治”由三类

决策者一致自发选择，在各类型中均有三成左右决策者部署了该任务。值得注意的是，获取样本的三轮演练时间在新冠肺炎疫情出现前且未处于其他重要流行性疾病暴发期，且参加演练的决策者来自各不同分管领域，“疫情防治”任务作为5个新增任务中唯一与演练和研究导向无直接关联、仅与情景相关的任务，说明决策者对于发生公共卫生突发事件的风险具有一定的敏感性和识别能力。

5.4.2.2 “情景-应对”

5.3.5节中已对全样本在任务与情景相关程度的表现进行了基本数据统计和整理。对表5-17按决策者类型分类统计，统计结果见表5-22。

表5-22 决策任务与情景相关统计分析表(按决策者类型)

自主型	任务总数(*T*)	直接正相关(*P*)	间接正相关(*P*′)	不相关(*I*)	负相关(*N*)
中位数	↓18	13	3	0	1(6%)
均值	↓18.28	13.2/↑72.2%	3.5/↓19.1%	↓0.00	↑1.20
合作型	任务总数(*T*)	直接正相关(*P*)	间接正相关(*P*′)	不相关(*I*)	负相关(*N*)
中位数	↑20.5	13.5	5	0	0(0%)
均值	→19.84	13.8/↓69.6%	5.5/↑27.7%	↑0.04	→0.62
依赖型	任务总数(*T*)	直接正相关(*P*)	间接正相关(*P*′)	不相关(*I*)	负相关(*N*)
中位数	→20	15	5	0	0(0%)
均值	↑20.18	14.5/→71.6%	5.6/→27.5%	↓0.00	↓0.36

如表5-22所示，各类型的全局性决策中平均任务数整体持平，其中合作型略高，自主型略低，该结果与其修改行为相符。在与情景呈正相关的任务统计中，自主型直接正相关任务占比同比最高，合作型同比最低；间接正相关任务占比自主型同比最低，合作型同比最高，依赖型均居中。虽然三个类型的正相关任务比例略有不同，但整体水平差异微弱，

可忽略该差异。在与情景不相关的任务统计中，只有合作型中出现一例，其余类型均为零。在与情景呈负相关的任务统计中，自主型高于其他两类型，依赖型最低。通过以上统计可见，三个类型决策者的决策与情景相关性整体表现良好，差异性较小，其中自主型决策者的决策与情景在直接正相关和负相关两个指标上最高，显示该类型内部决策的差异性较大；依赖型决策者的决策在与情景相关性的四个指标中均表现良好，在三个类型中具有微弱的整体优势。

4.3.2 节中讨论过决策任务投射到情景上的焦点、偏离与争议问题。在本研究中，对提取的全部一、二级决策任务，按决策者类型分别统计每个任务的来源样本数（其中一级任务的统计数据在表 5-19 中可见）并计算和值，绘制决策者任务部署分布示意图，如图 5-10 所示。

如图 5-10 所示，各任务以饼状图表示，其大小与部署该任务的样本数成正比，饼状图显示部署该任务的决策者按类型及人数的分布情况，以 10 人为梯度分度散布。由图可见，决策者对任务的部署分布是非线性的，超过 40 人部署的任务共有 13 个，它们全部属于建议草案中的任务（其中“力量动员”任务与其下属的二级任务重合，故不再重复统计），这些任务与由决策者新增的任务间形成了部署人数上的断崖式差距，显示了决策支持对决策者的影响。

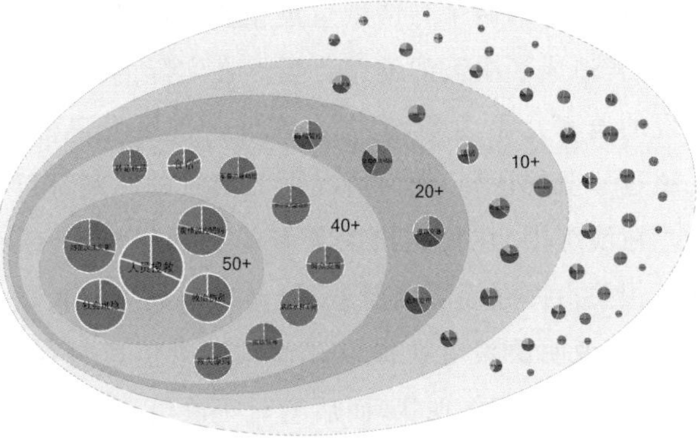

图 5-10　决策者任务部署分布示意图

在决策者自主新增的任务中，有两个任务聚集的决策者人数最多，为23位，分别是“信息发布”和“启动应急响应”。其中“信息发布”是演练设计决策漏洞的指向任务，对该任务的部署反映了参演决策者对于回应民意的关注。“启动应急响应”是根据演练设计与情景呈负相关的任务，但该任务是决策者自主部署的任务中人数占比最高的任务之一。可能的原因主要有二：一是该任务是突发事件应对中的基础程序性决策，对于部分自主型决策者而言，部署该任务出自对突发事件应对的条件反射，无需经过情景研判，同时对于部分依赖型决策者，首先进行程序性部署或许有利于缓解决策初期的压力；二是考虑在演练中是否在导学等环节上对决策者关注情景信息的要求提示不足，导致部分决策者忽略该重要情景信息。

除以上两个任务外，还有10个任务的部署人数超过10人，属于决策者自主研判任务中的焦点任务，包括与决策漏洞相关的基础设施恢复及其重要的二级任务“道路交通”和“通信恢复”，以及“舆情管控”。其他任务有“疫情防治”“力量部署”“灾情核实汇总”“物资调拨”，以及另一个与“启动应急响应”类似的情节负相关任务——“成立指挥部”。从对焦点任务的部署可见，特别是对基础设施恢复和信息发布与舆情管控两大漏洞的发现，以及灾情核实和对医疗力量的部署等，显示了决策者普遍对大地震初期应急关键点的准确把握和其务实精神。“疫情防治”体现了决策者在研判中的预判和前瞻能力，而“物资调拨”则能够反映决策者的宏观决策能力。此外，两个与情景呈负相关的任务也出现在决策焦点中，对于演练而言造成了决策的偏差。虽然在实际的突发事件应对中该决策失误出现的概率几乎为零，但尤其在非常规突发事件应对中，情势的发展往往超过一般的认知，任何情况下对情景的漏判都可能造成严重的决策失误。在演练中，在报送给决策者的研判材料内，已有启动应急响应并成立了相关指挥部等明确信息，但仍有四成决策者做出了与情景矛盾的任务部署，说明决策者在提取和使用情景信息时存在盲区，关注灾情多于已开展的应急工作现状，而后者对于决策者的准确决策以及决策实施效果至关重要。除焦点任务之外，在争议区散落了37个任务，以一级任务下的二级任务为主，包含部分任务对象较为具体、微观的一级任务，涉及地震应急的多方面。

为直观反映决策任务对情景的回应，根据图 5-10 绘制了对应的情景信息聚焦示意图。如图 5-11 所示，决策者们的焦点任务覆盖了演练情景中的主要和重点信息，通过对所有任务的响应，情景中仅有两个信息未得到明确的有效回应，分别是关于金融经济和国际援助的问题。决策者们通过社会维稳等相关任务可以间接覆盖对金融市场调控和受灾地区经济运转的应对，在真实条件下是否需要进一步明确任务以及如何决策需进一步探讨。55 位参演决策者中仅有 1 人针对外国游客等问题部署了任务，但对于地震初期的全局性决策，更为重要的是中下层决策者无权处置的、对国际援助等事宜的决策，或受参演决策者实际职务的限制，在大地震初期复杂的情景中，没有决策者对该情景做出应对。

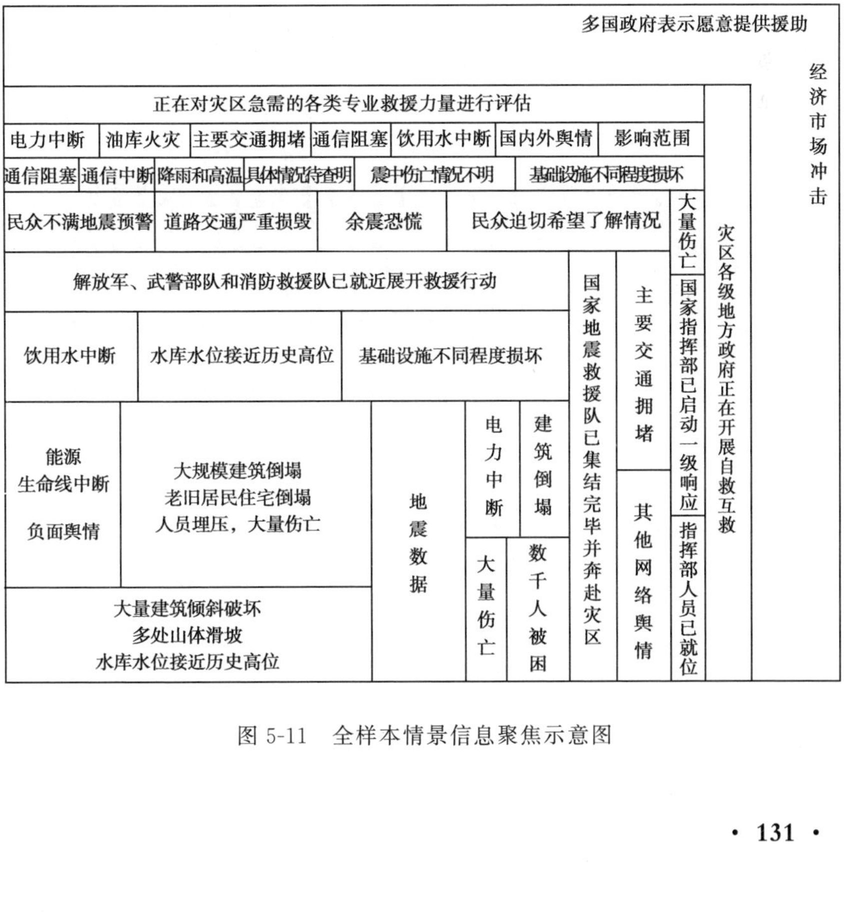

图 5-11　全样本情景信息聚焦示意图

5.4.2.3 对决策建议的利用

根据 5.3.5 节对各样本使用建议草案的统计结果按决策者类型制作的堆积柱状图如图 5-12～图 5-14 所示。在代表单一样本的柱形中黑色区块为建议草案中被决策者删除的任务数量,深灰色区块为保留在最终决策中的建议草案的任务数量,顶部浅灰色区块为决策者新增的任务数量。

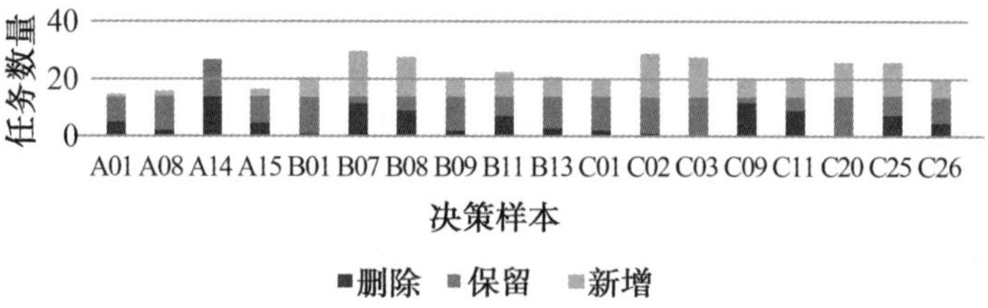

图 5-12 自主型决策者建议草案利用情况图

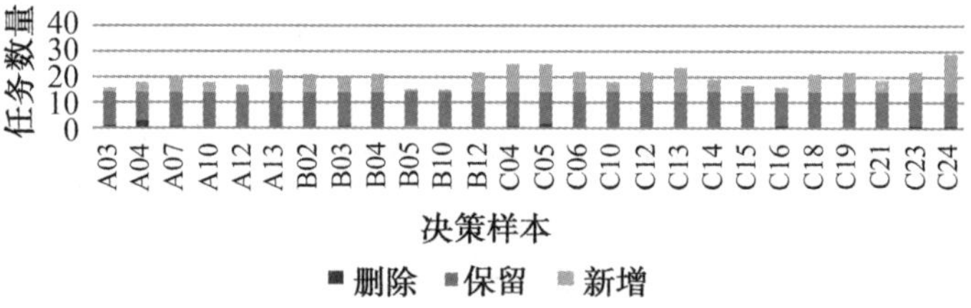

图 5-13 合作型决策者建议草案利用情况图

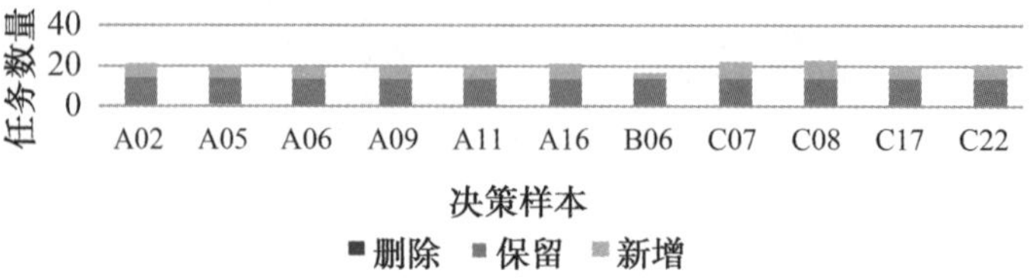

图 5-14 依赖型决策者建议草案利用情况图

由图 5-12～图 5-14 可以看出，各类型决策者对建议草案的利用情况差异显著：自主型决策者对建议的利用率最低，而依赖型决策者则全部保留了建议中的任务，合作型决策者在少量删除的基础上进行了更多的补充。该现象与决策者的类型划分标准紧密关联，事实上这是因不同决策者分类产生的，在此不做进一步讨论。但通过该现象可以发现，多数决策者对决策支持的态度是积极正向的，即使对于自主型决策者（前文已进行讨论），其整体决策也深受建议草案的影响。基于此，对于决策支持技术、方式方法等的开发利用升级，对日后突发事件应对将有重要的积极意义。

5.4.2.4　对建议漏洞的修复

对 5.3.5 节表 5-19 中对全样本在建议漏洞修复中的表现按决策者类型分析，步骤如下：

（1）按照各类型决策者在全样本中的人数比例，结合 4 个不同漏洞修复程度的决策者人数分别给出各类型决策者的预期分布人数。设某类型人数为 T_x，某类型人数在总样本中的比例为 R_x，则有 $R_x=\frac{T_x}{55}$；设 X 类型中有某漏洞修复程度（L_i）的决策者人数为 Y，设预期分布人数为 E_x，则有

$$E_x=Y\cdot R_x \tag{5-2}$$

（2）计算该预期分布人数在该类型中的预期比例 R_{ex}，有

$$R_{ex}=\frac{E_x}{T_x} \tag{5-3}$$

（3）计算该漏洞修复程度的实际统计人数在本类型中的实际比例 R_y，有

$$R_y=\frac{Y}{T_x} \tag{5-4}$$

最后以实际比例 R_y 与预期比例 R_{ex} 的差值反映各类型决策者对建

议漏洞修复的表现。采用该方式是基于对修复不同类型决策者的人数差异导致决策者类型间直接横向对比偏差过大问题的考虑。

计算统计结果见表5-23,其中对每种修复程度类别中的最优(加粗)和最差(斜体)表现进行了区分。可见依赖型决策者在漏洞全修复、修复基础设施恢复漏洞以及未修复漏洞三种情况下的表现最优;合作型决策者在对舆情和信息发布漏洞修复的表现最优;自主型决策者在修复基础设施恢复、舆情和信息发布漏洞,以及未修复漏洞三个方面的表现均不佳,并在其中两个方面落后于其他类型。

表5-23 决策漏洞修补情况统计分析表(按决策者类型)

漏洞修补情况	项目	全样本	自主型	合作型	依赖型
	类型人数占比(*R*)	100%(55/55)	32.7%(18/55)	47.3%(26/55)	20%(11/55)
发现并修复两个漏洞	按样本数分布预期数		4.25	6.15	2.6
	实际样本数	13	6	3	4
	自增减百分比		+9.7%	*−12.1%*	**+12.8%**
修复基础设施恢复漏洞	按样本数分布预期数		4.91	7.10	3
	实际样本数	15	3	8	4
	自增减百分比		*−10.6%*	+3.5%	**+9.1%**
修复舆情与信息发布漏洞	按样本数分布预期数		6.21	8.99	3.8
	实际样本数	19	6	11	2
	自增减百分比		−1.2%	**+7.8%**	*−16.3%*
未修复漏洞	按样本数分布预期数		2.62	3.78	1.6
	实际样本数	8	3	4	1
	自增减百分比		**+2.2%**	+0.9%	*−5.5%*

在对决策漏洞修复方面,各类型决策者的实际表现与合理预期间出现偏差:作为对决策支持最为信任的依赖型决策者,无法识别或者不能

有效修复决策漏洞似乎更符合该类型决策者的决策行为表现；相应地，合作型是在以优化决策为导向型基础上形成的一类决策者类型，现有的表现虽不能推翻对该类型决策者的决策行为预设（在对单一决策漏洞的修复方面均有上佳表现），但仍与预期表现存在差距；而决策自主性最强、最有可能对决策支持进行深度有效修复的自主型决策者，虽然对建议草案进行了大幅调整，却未在关键的决策漏洞修复方面展现出优势。对此现象的理解和解释如下：

（1）决策者类型的区分是基于其决策行为风格的，而决定其决策质量的关键是决策者的理性，应急决策的目的决定了理性因素是影响决策者做出决策的根本要素。而对决策支持或风险或压力的偏好，只有在不干扰决策者理性决策的前提下方能发挥作用。因此，依赖型决策者对决策支持的信任和依赖也是有条件的，当决策者识别出漏洞或缺陷时，对其进行修复甚至拒绝接受建议都是合理的反应。

（2）依赖型决策者对决策支持的信任可提高对建议草案评估和辅助修正时的准确性。如（1）所述，依赖型决策者对决策支持的信任使得其修改行为较其他类型的决策者更为谨慎，对建议草案进行修改更多的可能是在足够的证据或理由支撑下进行的。我们可以此解释演练中依赖型决策者表现出的对建议草案高效且高质量的修正。同理，也可解释自主型决策者在此方面表现不佳的原因：其修改行为中的理性因素比依赖型决策者甚至比合作型决策者都相对更少。

（3）关于依赖型决策者对“舆情与信息发布”决策漏洞的修复表现不佳的解释。如5.2.3节所述，演练中设置的两个决策漏洞分别指向了与宏观性更强的社会稳定和逻辑性更强的应急行动两个方面。对依赖型决策者而言，挖掘基础设施恢复方面的决策漏洞时，只需判断其是否阻碍甚至导致应急失败即可，而舆情处置方面的漏洞则需要经过一定时间的发展方能显露其对应急效果的影响。

(4)关于合作型决策者表现的解释。在对决策漏洞修复的四种情况中,发现并修复两个决策漏洞是完成度最高的,未修复决策漏洞是完成度最低的,一个类型中属于这两种情况的决策者的人数在一定程度上表征了该类型决策者的决策能力和决策质量。观察合作型决策者的表现,发现能够修复两个漏洞的决策者在全样本中的实际人数最少,与预期人数间的差距最大。这说明该类型中拥有决策能力和决策质量高的决策者比例最低,但不能就此证明合作型决策者的整体决策水平最低。在未能修复漏洞这种最不利的情况中,合作型决策者的表现在三个类型中居间,该组数据显示合作型决策者亦非决策质量最低的决策者类型。与最佳和最差两种情况不同,合作型决策者在发现和挖掘单个决策漏洞上的整体表现要明显优于其他两个类型,说明合作型中以具备一定决策能力的决策者居多。

(5)关于自主型决策者表现的解释。自主型决策者在演练中对漏洞修复的表现与合作型决策者相反,在修复两个漏洞的决策者中,属于自主型的实际人数最多,比预期值也有大幅的提高,说明该类型中有相当比例的高决策能力和高决策质量的决策者。而在未修复漏洞的人员方面,自主型的决策者人数比例仍然居高,说明该类型中同时还有相当比例的决策者可能做出较低质量的决策。由于处于两端的决策者人数较多,修复单一漏洞的决策者人数比例在自主型中受到了压缩。

(6)补充解释。本研究发现的不同类型决策者在漏洞修复方面的表现及上述讨论均建立在一次(三轮)小样本实验(演练)所获得的数据基础上,这是否在更大决策者群体中适用还需经过更多相关演练和研究的检验。因为样本数量受限,特别是依赖型决策者的人数仅 11 人,由此产生的个体偏差可能放大至影响对该类型决策者的群体性判断。此外,本研究仅涉及对决策漏洞的发现和修复,建议草案中提供的任务均对应对地震突发事件有积极作用和效果,这对研究依赖型决策者的决策表现是有利的。如果采用纠错式而非查漏补缺式的方法测试决策者的纠错行为，各类型的表现尚无法预测。

5.4.2.5　其他辅助指标

(1)大局观。根据 4.6.2 节所述对各类决策者在做全局性综合决策时的大局观意识进行讨论。由于对决策的分类主要依据了决策者的修改行为，故从修改方式的“其他”数据来看，修改行为基本都来源自合作型决策者，因此不能据此做出相关判断。因此，考虑通过决策数据对决策者进行分析。从 31 个一级任务中，排除建议草案提供的 10 个任务，在剩余任务中选择 5 个从不同方面体现决策大局观的任务，按决策者类型进行分析，分析结果见表 5-24。

表 5-24　体现决策者大局观的相关任务部署统计分析表(按决策者类型)

典型任务	项目	不同类型人数占比			
		全样本 100%(55/55)	自主型 32.7%(18/55)	合作型 47.3%(26/55)	依赖型 20%(11/55)
疫情防治	按样本数分布预期数	17	5.56	8.03	3.40
	实际样本数		6	8	3
	增减		↑	↓	↓
协调沟通	按样本数分布预期数	7	2.29	3.30	1.39
	实际样本数		4	2	1
	增减		↑	↓	↓
物资调拨	按样本数分布预期数	9	2.95	4.26	1.80
	实际样本数		3	5	1
	增减		↑	↑	↓

续表

典型任务	项目	不同类型人数占比			
		全样本 100%(55/55)	自主型 32.7%(18/55)	合作型 47.3%(26/55)	依赖型 20%(11/55)
动态报告	按样本数分布预期数	8	2.61	3.77	1.59
	实际样本数		4	3	1
	增减		↑	↓	↓
组织自救	按样本数分布预期数	7	2.29	3.30	1.39
	实际样本数		4	2	1
	增减		↑	↓	↓

如表 5-24 所示，选择的 5 个任务分别是：疫情防治，前文讨论过该任务具有的宏观性和前瞻性；协调沟通，能充分体现全局性决策在应急活动中不可替代的重要作用；物资调拨，决策者须站在全局性决策的角度方能做出宏观决策；动态报告，体现了决策者对情景信息和应对效果反馈的需求敏感，动态信息是决策者及时掌握情景并科学研判的基础，对信息的需求体现了决策者对全局性决策的理解和认同；组织自救，该任务需要决策者在对宏观局势把握的前提下方能做出。从三类决策者在这 5 个任务部署上的表现来看，自主型决策者具有全面压倒性优势，每个任务的部署人数均超过预期分布数；而依赖型决策者则无一任务的部署达到预期；合作型决策者的表现较依赖型略有优势，但与自主型决策者的差距仍旧较大。虽然对决策者的分类使得做出更多自主任务的决策者向同一类型聚集，间接放大了自主型决策者在该项分析中的优势，但这不能全面解释表 5-24 中自主型决策者的大范围优势，由此可以推断，自主型决策者的大局观较其他类型具有明显优势。

(2)时效性。在决策的时效性方面，依据现有数据分析，依赖型决策者的修改量最少，对建议草案的利用率最高，决策质量相对较高；合作型决策者的修改量多，对建议草案的利用率和决策效果在三个类型中居中；自主型决策者对建议的利用率最低，决策中产生了更多的精力和时间资源的损耗，在决策效果方面良莠不齐。综合以上分析，依赖型决策者在时效性方面占优势，但该结论基于的样本数据单薄，需要更为系统的相关实验设计和样本数据支持方可支撑更具说服力的研究结论。

(3)逻辑性。决策者的逻辑性体现在诸多方面。在本研究中，其一是对建议草案漏洞的修复，依赖型决策者的表现，特别是在基础设施恢复相关漏洞修复方面的表现较为突出；其二是如 4.6.2 节中所述的"调序"行为，合作型决策者在该方面的优势较为明显；其三是自主型决策者优势突出的整体决策大局观，作为全局性决策，良好的大局观本就是理性决策的基本要求，自然也是决策者逻辑性的体现；其四是决策失误率，本研究主要体现在决策与情景的偏离程度方面，各类决策者所做的决策中均有不同程度的偏离和失误。综合以上分析，在决策者的逻辑性方面，各类决策者差异性不明显，该结论也符合理性决策下的合理推断。

5.4.3　结论

通过前节对各类决策者的描述性评价，发现在不同突发事件情景和决策环境下，其决策表现的优劣势各有不同。下面给出基于演练中应急决策行为研究的不同类型决策者的决策风格描述。

5.4.3.1　自主型决策者

该类型决策者在决策群体中占有一定比例，典型的特征是自信和良好的承压能力。在突发事件应对中，决策支持是其进行应急决策的参考和辅助，当自主判断与决策支持出现差异或矛盾冲突时，在不违背理性决策的前提下，自主型决策者倾向于通过否定或大幅修改建议草案等使其与己方意见保持统一，而不轻易选择折中意见，为坚持自主决策他们可以接受因此带来的一定程度的决策压力。自主型决策者在决策时关注情景态势的变化，具有良好的大局观，通常不拘泥于细节。在非常规突发事件应对中，特别是在困境决策或临机决策时，自主型决策者的优势更为显著，有可能成为逆转危局的关键决策者；同时，由于自我意识较强和对个人主张的强调，一旦自主型决策者的基本能力和素质不能适应突发事件应对时，其决策风格可能产生负面效果，成为应急决策乃至突发事件应对中的隐患。

5.4.3.2 合作型决策者

该类型决策者属于决策者群体中的多数派，在应急决策中既希望掌握主动，又因决策压力而追求稳健，同时还希望实现高质量的决策以有效应对突发事件。在决策过程中，合作型决策者可能投入大量的精力组织或参与讨论互动，或不断分析评估决策支持与自主判断之间的异同，并尝试在寻找意见平衡中实现对决策的优化。相较于最终的决策更倾向于决策支持还是自主判断，合作型决策者更关注决策的过程是否充分，最终的决策是否完整和恰当。合作型决策者的决策风格决定了“兵行险招”的可能性不大，在其主导下，应急决策鲜有重大失误，其决策效果即使不能达到最优或者获得奇效，也通常能够实现基本的乃至良好的预期效果。合作型决策者的弱势在于对决策时间的要求更高，在非常规突发事件的应对中，“事急从权”有悖于合作型决策者的决策习惯，可能影响甚至干扰其决策质量，在研判时间受限的情况下合作型决策者的决策表现尚未可知。

5.4.3.3 依赖型决策者

该类型决策者在决策中的不自信决定了其不属于决策群体的主流。目前尚不能判断依赖型决策者的这种不自信是来源于对自我决策能力的否定，还是对决策压力的承受力较低，或者两者皆有，但可以肯定的是，该类型决策者更倾向于尊重和选择决策支持的建议或帮助。依赖型决策者在决策时对自我意见的表达更为谨慎，其理性和对决策的责任感通常隐藏在决策支持的背后，仅当产生严重分歧或有充分理由相信决策支持将对实现应急目的构成威胁时，依赖型决策者才会进行干预并尽可能使用温和的方式表达。在决策支持足够可靠的前提下，依赖型决策者是保障其顺利实施的优质配合者和支持者，既不会过多表达个人意见干扰决策内容，也不会延长决策时间错过应对的时机；即使决策支持出现瑕疵，依赖型决策者在理性决策的支撑下还可能进行有效而准确的修正。但在某些无法得到决策支持的决策时刻，或者出现了多个强势且意见不同的决策支持时，依赖型决策者的决策表现有待进一步探讨。

本章小结

本章是对"情景-应对"决策行为分析框架下，以应急演练为载体的建议支持下的全局性决策行为分析方法的应用和验证。

以大地震初期决策者在全局应急部署中的决策行为为研究对象，探索决策者中是否存在决策行为风格相似的不同类型群体并认识和把握其决策行为特点，以期从决策者的决策能力提升和决策支持优化两个角度为进一步强化我国应急管理水平提供理论支持。

5.1节对大地震情景进行了构建，在相关情景构建成果基础上结合历史案例，情景构想包括了震情、灾情、国内外社会影响以及应急响应进程等，覆盖大地震初期决策者实际所需且可得的各方面情景信息。

5.2节描述了演练即实验实施的过程，通过模拟灾情记录视频和模拟真实信息报送两种沉浸式导入的方式使参演者进入情景并接收构想的情景信息，以演练第一阶段即大地震初期的最高指挥部的首次综合部署为决策样本的采集背景，选择参演者中行政级别较高者组成被试群组，以个人为单位设置若干平行的拥有最终决策权的指挥长角色，以存在漏洞的决策建议草案为辅助进行决策，经决策者批阅确认后的手稿作为原始样本进行收集，演练中的实验部分完成。经过三轮演练共收集了55份有效样本支撑本次应急决策行为研究。

5.3节详述了样本回收后的数据处理与分析过程。利用NVivo12软件辅助研究，以倡导理论来源于资料的扎根理论为方法论指导，对样本进行文本结构化编码以提取决策中的任务，并根据其对象范围进行分级，建立了基于本次研究的决策数据库，再对各样本中的修改行为进行编码标记，建立决策行为矩阵，由此完成了"一份样本两套数据"的提取。先使用行为数据，采用建议采纳行动导向模型将样本分类，为校核验证该分类方法再使用NVivo12软件的数据分析工具，对样本按编码相似性进行聚类，对比分类和聚类的结果发现二者存在显著的重合，支持了存在不同类型决策者的预设观点；再使用决策数据，对样本在情景相关性、决策支持利用度以及漏洞修复三方面的决策表现进行了数据统计。

5.4节在前节数据处理和预分析的基础上进行了进一步讨论，将行为和决策两套数据进行了联合分析，参考修改行为和任务双重编码的聚类结果，最终将本研究中55位被试决策者分为自主型、合作型和依赖型三种决策风格类型；再结合分类后的决策表现对各类型决策者的决策行为特征进行了描述；最后对三种类型的决策者进行了总结性评价，内容涉及人数比例、压力与风险承受的偏好、自信程度、决策行为特征及其在应急决策中的优势与劣势以及对决策支持的启示等。

第6章

结论、创新点与展望

6.1 结论

应急决策行为的实证研究是应急管理实践中提高决策者应急决策能力、指导决策支持优化升级的基础，对在突发事件应对，特别是非常规突发事件应对中提高应急决策质量、达到良好的应急效果具有重要的现实意义。针对我国当前在应急决策行为实证研究领域尚未成熟、研究成果较少的现状，本书从研究方法入手，为该领域研究形成稳定可行的系统实证研究方法进行尝试性探索。

本书第1章从构建分析框架开始，根据“情景-应对”理论，在突发事件情景中，只有决策者在承受风险和压力的条件下做出的决策方具有现实意义，对其决策行为的实证研究才具有现实指导和参考价值，因此“情景-应对”理论是构建该分析框架的前提。此外，该分析框架对现有研究范式的吸收借鉴包括：以西蒙的有限理性说为代表的描述性范式承认决策者不是完全的理性人，因此其个性化的主观因素将是影响应急决策的要素之一，同时该研究方法强调需要对决策行为做出描述性说明，并通过评价分析构建决策者的决策模式;进化论范式认为决策者的决策能力培养与其心理因素和影响决策行为的环境因素和环节相关,该理念不仅与“情景-应对”理论相应和,更强调了决策过程的重要性。基于上述理论,“情景-应对”应急决策行为分析框架形成了以情景、决策者、决策过程和决策四要素变量间互动关系为核心的运行机制,并为其设计了情景来源选择、样本获取、数据处理与分析的外部结构。

在分析框架建立的基础上,本书第 2 章对以应急演练为情景来源的分支方法进行了应用性的丰富,在论证应急演练与社会实验方法结合的可行性后,针对框架中四要素在应急演练中的生成、获取和控制进行了阐述,完成了应急决策行为研究方法从框架到实际应用的过渡。

到具体分析方法层面,本书作为探索性研究,选择了适用范围更广、宏观性更强的建议支持下的全局性决策行为作为研究对象。为使研究方法具有可操作性,本书对研究对象,即决策者的个体决策行为在框架可支撑的范围内进行了阐述。这是应急决策行为研究领域中首次较为系统地对决策者的个体决策行为的论述。

本书第 3 章对决策者在应急决策中可能实施的研判、决策支持采纳情况、纠错以及决断等决策行为进行了理解性的论述,并分别讨论了以上决策行为在演练中的实现问题。其中,针对建议采纳行为本书进行了较为深入的探讨,核心观点是相比其他日常风险型决策,应急决策具有特殊性,全社会对突发事件可能造成的破坏的不可接受性决定了作为应急决策代理人的决策者的心理动机由偏好导向转为压力导向,该压力迫使决策者在决策过程中必须以公共利益为底线同时接受监督,因此其决策行为中理性因素发挥作用的比重放大,本书称之为理性回归。基于该前提,本书分别讨论了应急决策中影响决策的理性因素和主观因素,提出决策者的自信和对风险压力的承受偏好是两个关键的心理因素,并在此基础上提出了描述决策者在建议采纳中的决策行为导向模型,该模型以自信为横轴，以压力感知为纵轴，将决策者分为以决策者为导向、以决策支持为导向、以优化决策为导向和以顺利决策为导向四类，该模型成为本书实证研究部分中的重要理论基础。对决策者的个体决策行为的论述为该方法的现实应用提供了理论依据。

本书第 4 章从内部变量间作用到外部分步实操应用，在应急决策行为分析框架下完成了具体分析方法的系统论述。在理论部分，提出了通过提取外部观测的决策行为数据求解内部行为规律的基本方法路径。再将决策行为拆解为内容和形式两个层面，确立了用一个样本中的决策内容和修改行为两套观测数据联合解释该决策者决策行为的质性分析方法。其中以决策数据与情景信息的相关性分析决策者的自主研判能力，以决策数据与建议的相关性分析决策者对决策支持的现实态度，以修改行为数据分析决策者应用建议支持做决策时的心理状态。

对于该分析方法的实操应用，本书第 4 章给予了详细的分步阐述，包括样本数据的提取方法、决策数据与情景信息相关性的分析方法、决策数据与建议相关性的分析方法、决策行为数据的分析方法以及决策数据和行为数据的联合分析方法，并提出了以情景相关性、建议相关性以及决策漏洞修复为主指标，以大局观、时效性和逻辑性为辅助指标的决策行为评估方法。至此本书完成了对建议支持下的全局性决策行为分析方法的论述。

最后，为验证决策行为分析框架和在以应急演练为情景来源的分支基础上形成的建议支持下的全局性决策行为分析方法，本书依托大地震应急决策指挥演练，实施完成了面向全局性决策行为的实证研究。本书第 5 章对此进行了详细阐述。

在配合演练正常组织进行的前提下，按照本书提出的方法为演练和研究进行了地震灾难情景构建，同时也完成了情景变量的设置；决策者在大地震初期的全局性决策部署在演练的第一阶段由演练布置的支线任务要求下进行，同时也完成了决策者变量、决策过程变量的设置；对决策手稿的回收完成了对承载决策变量的样本采集。该实施过程验证了以应急演练为情景来源的实证研究的可行性。

样本的数据处理和分析严格按照建议支持下的全局性决策行为分析方法进行，在研究实践中将 NVivo12 软件作为主要工具，样本的处理保存、数据提取以及部分分析工作均在该软件支持下完成。该研究以建议采纳中的决策行为导向模型为指导，根据决策行为矩阵将决策者初分为四类，再按决策行为编码相似性对决策者进行了聚类，通过两种不同分析方法的比对证实了决策者中存在决策行为类型化差异，再结合了决策数据的联合分析后，最终确认了样本中存在自信程度高、决策建议依赖性低的自主型，自信程度低、决策建议依赖性高的依赖型，以及自信程度介于前二者之间且与决策支持互动性高的合作型，共三类决策者。

通过分析各类型决策者的决策表现，发现自主型决策者在样本中占有一定人数比重，该类决策者的决策风格果断，承压能力强；在决策质量方面，该类决策者所做决策在大局观、时效性方面整体表现良好，但在群组内部出现了优劣分化现象，表示该类型决策者的个人决策能力对决策质量的影响较大。依赖型决策者在样本中人数占比最小，其决策风格谨慎，承压能力弱，但决策质量整体偏高，对于决策建议中的合理化建议采纳程度高同时受理性因素控制能够主动修复决策建议中的漏洞，表示该类型决策者与可靠性高的决策支持的配合度更高。合作型决策者在样本中人数占比最大，决策风格多样，具有一定的承压能力，表现出较强的与他方意见沟通的行为特征；整体决策质量较依赖型低，但稳定性较自主型高，该类型决策者在决策的大局观、时效性以及逻辑性等三个方面的表现与其他类型相比均处于劣势。考虑到该类型的人数比例，可在决策能力培训时对以上方面予以加强。

对于“情景-应对”的应急决策行为的实证研究方法，本书逐层完成了基础框架的构建、以应急演练为载体的分支方法的开发，以及建议支持下全局性决策行为研究的具体分析方法的设计，并通过应用该方法完成了对我国大地震决策指挥演练中决策者应急决策行为的实证研究，在取得实证研究成果的同时，也验证了该研究方法以及分析框架的可行性和有效性。本书内容是一次对应急决策行为的研究方法从无到有、从基础到应用、从理论到实践的探索过程。

全书主要结论如下：

(1)“情景-应对”决策行为分析框架面向应急决策行为研究，为其提供方法路径支持。该分析框架以情景、决策者、决策过程和决策四要素间的相互作用关系为机制，以分步研究实现方法为结构，以开放式理念支持研究者应用各类相关理论与方法对其进行扩展和优化改造。

(2)决策者在使用建议进行应急决策时，其决策行为可根据由其自信度和压力承受度两个主要心理因素建立的导向模型来解释。该模型包括4个行为导向，分别是以决策者为导向、以决策支持为导向、以优化决策为导向和以顺利决策为导向。

(3)建议支持下的全局性决策行为分析方法是在“情景-应对”决策行为分析框架内形成的，以应急演练实验方法对决策者在非常规突发事件应对中的综合决策部署行为进行实证研究的方法。该方法的应用也实现了对“情景-应对”决策行为分析框架和应急演练实验法的可行性验证。

(4)通过对我国决策者群体在大地震情景下的初期全局性应急决策行为采样发现，决策者中存在三种不同的决策行为类型，其中：①自主型决策者自信、承压能力好，决策时倾向于自我主张，有良好的大局观和情景研判能力，适应在极端条件下的高压高风险决策，但个体能力差异可能给应急决策带来隐患；②合作型决策者在样本群体中人数优势显著，决策时倾向于在充分讨论沟通的基础上完成决策，其决策质量稳定，但决策效率低，不适宜进行有时间压力的临机决策；③依赖型决策者在决策者中较为少见，在决策时较保守谨慎，尊重建议等决策支持，但仍以理性决策为底线保持独立思考和判断，当决策支持可靠时，其决策高效、稳定、高质量，但当决策支持间存在差异或冲突等情况时，其决策行为尚待进一步观测分析。

6.2 创新点

本书的创新点包括：

(1)提出了以情景、决策者、决策过程和决策为核心要素的“情景-应对”决策行为分析框架。

(2)提出了在建议支持下使用决策内容数据和修改行为数据共同分析决策行为的质性分析方法。

(3)发现了在决策群体中存在自主型、合作型和依赖型三种不同决策行为类型的决策者，并对不同类型决策者的决策行为进行了描述性评价。

6.3 展望

本书在对应急决策行为实证研究方法的探索中只是建立了“情景-应对”决策分析框架，并对其中一个分支方向上的一个具体研究进行了完整的论述，在该领域：

(1)以演练为平台的应急决策行为实证研究尚有巨大的探索空间，亟待各类相关研究对分析方法特别是定量分析方法进行扩充和发展。

(2)以案例为情景来源的决策行为分析方法本书尚未涉及，该方法是否具有可行性和生命力需要后续的研究来验证。

(3)本书的实证研究部分虽然对提出的建议支持下的全局性决策行

为分析方法进行了验证，仍需更多的重复实验来进一步检验该分析方法的可行性和可靠性。同时对于实证研究结果，也需要更多的同类研究结果进行比较。

(4)此外，对于本实证研究尚未解决的问题，如对各类型决策者的描述性评价尚不完善，同样需要更多的相关研究进行补充和发展。

参考文献

[1]钟开斌.中国应急管理机构的演进与发展:基于协调视角的观察[J].公共管理与政策评论,2018,7(6):21-36.

[2]闪淳昌.提升新时代我国应急管理水平[J].社会治理,2018(5):11-15.

[3]童星,张海波.基于中国问题的灾害管理分析框架[J].中国社会科学,2010(1):132-146,223-224.

[4]朱力.在疫情防控中提升社会治理能力[J].人民论坛,2020(Z1):94-96.

[5]徐松鹤,韩传峰,孟令鹏,等.中国应急管理体系的动力结构分析及模式重构策略[J].中国软科学,2015(7):20-28.

[6]杨小林,陈志超,李义玲.非常规突发事件现场处置机构构建及其运行机制分析[J].河南理工大学学报(社会科学版),2014,15(2):131-135,152.

[7]崔丽,仲秋雁,王延章,等.基于情境的非常规突发事件理论方法研究综述[J].情报杂志,2011,30(6):40-45.

[8]田硕,李春好,丁丽霞.应急决策模式:基于 SROP 的分析框架

[J].中国行政管理,2017(11):135-140.

[9]张海波.新时代国家应急管理体制机制的创新发展[J].人民论坛·学术前沿,2019(5):6-15.

[10]王凯.突发事件下决策者的框架效应研究[D].杭州:浙江大学,2010.

[11]吴倩,雷长群.非常规突发事件情景下的应急决策机制设计研究[J].工业安全与环保,2019,45(9):72-76.

[12]MORIN J , LAVIGNE F, BACHèLERY P,et al.Institutional and social responses to hazards related to Karthala volcano, Comoros. Part 1: Analysis of the May 2006 eruptive crisis[J]. Shima: The International Journal of Research into Island Cultures, 2009, 3(1): 54-71.

[13]向良云. 非常规群体性突发事件演化机理研究[D].上海:上海交通大学,2012.

[14]吴倩. 非常规突发事件应对的集群决策机理研究[D].武汉:武汉理工大学,2012.

[15] LAVIGNE F, DE COSTER B, JUVIN N, et al. People's behaviour in the face of volcanic hazards: Perspectives from Javanese communities, Indonesia[J]. Journal of Volcanology and Geothermal Research,2008,172:273-287.

[16]郭然. 企业高层管理团队决策影响因素分析及优化研究[D].天津:河北工业大学,2014.

[17]KAHN H, WIENER A. The year 2000: A framework for speculation on the next thirty-three years [J]. Political Science Quarterly, 1968, 83(4):663-665.

[18]GERSHUNY J. The choice of scenarios[J].Futures, 1976,

8(6):496-508.

[19]SCHNAARS S P. How to develop and use scenarios[J].Long Range Planning, 1987, 20(1):105-114.

[20] SCHOEMAKER P J H. When and how to use scenario planning: A heuristic approach with illustration [J]. Journal of Forecasting, 2010, 10(6):549-564.

[21] WILSON I. From scenario thinking to strategic action[J]. Technological Forecasting & Social Change, 2000, 65(1):23-29.

[22]WANG L.A two-stage stochastic programming framework for evacuation planning in disaster responses[J].Computers & Industrial Engineering,2020, 145:106458.

[23]宗蓓华.战略预测中的情景分析法[J].预测,1994(2):50-51,55,74.

[24]李仕明,刘娟娟,王博,等.基于情景的非常规突发事件应急管理研究:"2009 突发事件应急管理论坛"综述[J].电子科技大学学报(社科版),2010,12(1):1-3,14.

[25]姜卉,黄钧.罕见重大突发事件应急实时决策中的情景演变[J].华中科技大学学报(社会科学版),2009,23(1):104-108.

[26]刘铁民.重大突发事件情景规划与构建研究[J].中国应急管理,2012(4):18-23.

[27]李湖生,刘铁民.突发事件应急准备体系研究进展及关键科学问题[J].中国安全生产科学技术,2009,5(6):5-10.

[28]巩前胜."情景-应对"型应急决策中情景识别关键技术研究[D].西安:西安科技大学,2018.

[29]COSGRAVE J.Decision making in emergencies[J].Disaster Prevention & Management, 1996, 5(4):28-35.

[30]DONNER W R. Decision-making as community adaptation: The human ecology of emergency management[J]. Disaster Research Center, 2005.

[31]刘霞,吴应会,严晓.危机决策:一个基于“情景-权变”的分析框架[J].北京航空航天大学学报(社会科学版),2011,24(1):11-15.

[32]李驰原,康青春.基于情景应对模式下的火灾场景推演系统[J].消防科学与技术,2012,31(8):857-859.

[33]仲秋雁,郭艳敏,王宁,等.基于知识元的非常规突发事件情景模型研究[J].情报科学,2012,30(1):115-120.

[34]杨从杰,曹双.情景分析方法在突发事件应急决策中的应用[J].现代情报,2013,33(11):29-32.

[35]张承伟,李建伟,陈雪龙.基于知识元的突发事件情景建模[J].情报杂志,2012,31(7):11-15,43.

[36]陈晨,俞政,张新梅.考虑应急活动的非常规突发事件情景刻画研究[J].中国安全科学学报,2014,24(10):163-169.

[37]孙山.民航“重大突发事件情景构建”应用实例探讨[J].中国安全生产科学技术,2014,10(4):173-177.

[38]付娉娉. 基于情景推演的非常规突发事件应急决策研究[D].哈尔滨:哈尔滨工业大学,2015.

[39]于峰,李向阳,孙钦莹.突发事件情景应对案例库族谱设计[J].系统工程理论与实践,2015,35(10):2596-2605.

[40]邓永伟. “情景-应对”模式下自然灾害应急物资调配体系构建研究[D].成都:电子科技大学,2016.

[41]刘樑,许欢,李仕明.非常规突发事件应急管理中的情景及情景-应对理论综述研究[J].电子科技大学学报(社科版),2013,15(6):20-24.

[42]江渝.论决策行为的三种分析范式[J].软科学,2005(2):11-14.

[43]冯杉杉，文萍.不同决策研究范式中情绪与决策的关系[J].青年与社会：中外教育研究，2012(1)：53-55.

[44]NEUMANN J V，MORGENSTERN O. Theory of games and economic behavior[M]. Princeton：Princeton University Press，1953.

[45]SAVAGE R. Contributions to the theory of rank order statistics：The one-sample case[J]. The Annals of Mathematical statistics，1959，30(4)：1018-1023.

[46]黄成.行为决策理论及决策行为实证研究方法探讨[J].经济经纬，2006(5)：102-105.

[47]吴鸽，周晶，雷丽彩.行为决策理论综述[J].南京工业大学学报(社会科学版)，2013，12(3)：101-105.

[48]赫伯特·西蒙.管理行为：管理组织决策过程的研究[M].詹正茂，译.4版.北京：机械工业出版社，2004.

[49]ELLSBERG D. Risk，ambiguity and the savage axioms[J]. The Quarterly Journal of Economics，1961，75(4)：643-669.

[50]KAHNEMAN D，TVERSKY A. Prospect theory：An analysis of decision under risk[J].Econometrica，1979，47(2)：263-291.

[51]卢远新. 行为决策研究的新取向-进化论范式[C]//中国心理学会.第十一届全国心理学学术会议论文摘要集，2007：431-432.

[52]BARBERIS N，SHLEIFER A，VISHNY R. A model of investor sentiment[J]. Journal of Financial Economics，1998，49：307-343.

[53]DANIEL K，HIRSHLEIFER D，SUBRAHMANYAM A. Investor psychology and security market under-and overreactions[J]. Journal of Finance，1998，53：1839-1885.

[54]STEIN H J C. A unified theory of underreaction，momentum

trading and overreaction in asset markets[J].The Journal of Finance, 1999,54(6):2143-2184.

[55]BARBERIS N, HUANG M, SANTOS T. Prospect theory and asset prices[J].The Quarterly Journal of Economics, 2001,116(1):1-53.

[56] SHEFRIN H, STATMAN M. Behavioral portfolio theory[M]. Cambridge: Cambridge University Press, 2000.

[57]EGGERS J P, KAUL A. Motivation and ability? A behavioral perspective on the pursuit of radical invention in multi-technology incumbents[J].Academy of Management Journal, 2018, 61(1): 67-93.

[58]JOHNSON P F, JOHNSON C E, SUTHERLAND C .Stay or go? Human behavior and decision making in bushfires and other emergencies[J].Fire Technology, 2012, 48(1):137-153.

[59]PLATT S, DRINKWATER B D. Post-earthquake decision making in Turkey: Studies of Van and zmir[J].International Journal of Disaster Risk Reduction, 2016, 17:220-237.

[60]SLATTERY C, SYVERTSON R, KRILL S. The eight step training model: Improving disaster management leadership[J]. Journal of Homeland Security & Emergency Management, 2009, 6(1): 19-42.

[61] COLES J, ZHANG J, ZHUANG J. Experiments on partnership and decision making in a disaster environment [J]. International Journal of Disaster Risk Reduction, 2016, 18:181-196.

[62]汤志伟,彭志华,张会平.框架效应对政府危机决策质量影响的实证研究[J].社会科学研究,2011(6):42-46.

[63]曹蓉,夏德雨,朱序.基于扎根理论的管理者应急决策模式构建研究[J].西北大学学报(哲学社会科学版),2017,47(3):113-118.

[64]陈俊霖,李沁雪,张春萍,等.应急环境下时间压力和决策者风险态度对决策行为的影响实验研究[J].中国管理科学,2015,23(S1):349-358.

[65]于明璐.应对突发事件的应急行为决策效应研究[D].哈尔滨:哈尔滨工业大学,2015.

[66]叶春森,汪传雷,梁雯.面向应急决策行为的知识管理能力研究[J].情报理论与实践,2013,36(12):35-38.

[67]张云翌,杨乃定.决策者情绪对应急决策的影响研究:一个理论框架[J].情报杂志,2015,34(10):65-70.

[68]刘嘉.非常规突发事件应对决策行为研究[D].武汉:武汉理工大学,2012.

[69]韩召颖,赵倩.国际危机中的领导人决策行为分析:基于多元启发理论视角[J].国际政治科学,2017,2(4):1-27.

[70]ZHOU L, WU X, XU Z, et al. Emergency decision making for natural disasters: An overview[J]. International Journal of Disaster Risk Reduction, 2018, 27: 567-576.

[71]FRAUSSEN B, HALPIN D .Think tanks and strategic policy-making: The contribution of think tanks to policy advisory systems[J]. Policy Sciences, 2017, 50(1):1-20.

[72]WANG L, LABELLA A, RODRÍGUEZ R M, et al.Managing non-homogeneous information and experts' psychological behavior in group emergency decision making[J].Symmetry, 2017, 9(10):234.

[73]SANTELLA N , STEINBERG L J , PARKS K .Decision making for extreme events: Modeling critical infrastructure interdependencies to aid mitigation and response planning[J].Review of Policy Research, 2010, 26(4):409-422.

[74]ERGU D,KOU G, PENG Y, et al.Estimating the missing values for the incomplete decision matrix and consistency optimization in emergency management[J].Applied Mathematical Modelling, 2016, 40(1):254-267.

[75] MOSER D, PINTO D, CIPRIANO A. Developing a multiagent based decision support system for realtime multi-risk disaster management [J]. International Scholarly and Scientific Research & Innovation, 2015,9(3):831-835.

[76] FERSINI E, MESSINA E, POZZI F A. Earthquake management: A decision support system based on natural language processing [J]. Journal of Ambient Intelligence & Humanized Computing, 2017, 8(1): 37-45.

[77]CHANDLER T, ABRAMSON D M, PANIGRAHI B, et al. Crisis decision-making during hurricane sandy: An analysis of established and emergent disaster response behaviors in the New York metro area[J].Disaster Medicine & Public Health Preparedness, 2016, 10(3):436-442.

[78]ADINI B, LAOR D, COHEN R, et al. Decision to evacuate a hospital during an emergency: The safe way or the leader's way? [J]. Journal of Public Health Policy, 2012, 33(2):257-268.

[79]ASH J, SMALLMAN C. A case study of decision making in emergencies[J].Risk Management, 2010, 12(3): 185-207.

[80]ZUBIR S N A, THIRUCHELVAM S, MUSTAPHA K N, et al.Conceptualization of a collaborative decision making for flood disaster management[J].Iop Conference, 2016, 32:012031.

[81]任福兵,李玲玲.国外群体决策研究进展[J].现代情报,2018,

38(5):172-177.

[82]刘晓慧. 基于预案的突发地质灾害智能应急决策支持模型研究[D].武汉:中国地质大学,2014.

[83]唐辉,孙红月,李纾.非常规突发事件应急决策的研究述评及新思路:发展指导性模型[J].人类工效学,2011,17(1):78-82.

[84]徐选华,汪业凤.非常规突发事件应急决策协调过程建模研究[J].中国应急管理,2011(8):23-27.

[85]陈兴,王勇,吴凌云,等.多阶段多目标多部门应急决策模型[J].系统工程理论与实践,2010,30(11):1977-1985.

[86]曾大军,曹志冬.突发事件态势感知与决策支持的大数据解决方案[J].中国应急管理,2013(11):15-23.

[87]曹策俊,李从东,谢天,等.基于语义X列表理论的应急响应集成决策优化框架研究[J].系统科学学报,2018,26(4):100-105,117.

[88]朱伟,刘呈,刘奕.面向应急决策的突发事件情景模型[J].清华大学学报(自然科学版),2018,58(9):858-864.

[89]翟丹妮,左静璇,刘光浩.基于贝叶斯决策法的城市地震应急决策研究[J].计算机技术与发展,2016,26(5):183-187.

[90]黄超,佘廉.文本案例推理技术在应急决策中的应用研究[J].情报理论与实践,2015,38(12):111-114.

[91]张炎亮,徐元元,李俊雅.不完备信息下基于案例推理的城市火灾应急决策方法研究[J].中国安全生产科学技术,2018,14(3):13-18.

[92]钟开斌.信息与应急决策:一个解释框架[J].中国行政管理,2013(8):106-111.

[93]许晓东.定量分析方法[M].武汉:华中科技大学出版社,2008.

[94]张梦中,马克·霍哲.定性研究方法总论[J].中国行政管理,2001(11):39-42.

[95]陈向明.社会科学中的定性研究方法[J].中国社会科学,1996(6):93-102.

[96]朱丽叶·M.科宾,安塞尔姆·L.施特劳斯.质性研究的基础:形成扎根理论的程序与方法[M].朱光明,译.重庆:重庆大学出版社,2015.

[97]阿巴斯·塔沙克里,查尔斯·特德莱.混合方法论:定性方法和定量方法的结合[M].唐海华,译.重庆:重庆大学出版社,2010.

[98]钟开斌.应急决策:理论与案例[M].北京:社会科学文献出版社,2014.

[99]李荣志,蔡建淮.领导干部突发事件应急意识的现状调查与分析:基于某省的问卷调查[J].中国行政管理,2013(1):76-79.

[100]张云翌.领导风格对突发事件决策中群体思维的影响研究:团队情绪的中介作用[D].西安:西北工业大学,2016.

[101]MAHMOUD M, LIU Y, HARTMANN H, et al.A formal framework for scenario development in support of environmental decision-making[J]. Environmental Modelling & Software, 2009, 24(7):798-808.

[102]李仕明,刘樑,王博,等.突发事件应急管理中的情景研究[C]//国际应急管理论坛暨中国应急管理专业委员会年会,2009:341-344.

[103]盛勇,孙庆云,王永明.突发事件情景演化及关键要素提取方法[J].中国安全生产科学技术, 2015, 11(1):17-21.

[104]王颜新.非常规突发事件情境重构模型研究[D].哈尔滨:哈尔滨工业大学,2011.

[105] HWANG C L. Group decision making under multiple criteria, methods and applications[M]. Berlin, New York: Springer-Verlay,1987.

[106]斯蒂芬·P·罗宾斯.组织行为学[M]. 孙建敏,李原,黄小勇,译.7版.北京:中国人民大学出版社,2005.

[107]尹念红. 面向突发事件生命周期的应急决策研究[D].成都:西南交通大学,2016.

[108]张海波.中国应急预案体系:结构与功能[J].公共管理学报,2013,10(2):1-13,137.

[109]陈晓红.决策支持系统理论和应用[M].北京:清华大学出版社,2000.

[110]刘霞,严晓.突发事件应急决策生成机理:环节、要素及序列加工[J].上海行政学院学报,2011,12(4):37-43.

[111]DAI J, WANG S, YANG X. Computerized support systems for emergency decision making[J]. Annals of Operations Research, 1994, 51(7):313-325.

[112]周生,胡晓峰,罗批,等.战略决策文本的语义分析研究[J].计算机科学,2011,38(2):229-233.

[113]唐攀,祁超,王红卫.基于层次任务网络规划的应急行动方案制定方法[J].管理评论,2016,28(8):43-50.

[114]黄瑞滨,杨彦明,齐彬彬,等.地震应急救援优先级探讨[J].决策探索(中),2019(3):24-25.

[115]乌里尔·罗森塔尔,迈克尔·查尔斯,保罗·特哈特.应对危机:灾难、暴乱和恐怖行为管理[M].赵凤萍,译.郑州:河南人民出版社,2014.

[116]沙彦飞. 企业家决策心理锚研究[D].南京:南京师范大学,2013.

[117]曹海峰.新时期国家应急预案体系再定位与系统重构[J].国家行政学院学报,2018(6):68-72,188-189.

[118]姜传胜，邓云峰，贾海江，等.突发事件应急演练的理论思辨与实践探索[J].中国安全科学学报，2011，21(6)：153-159.

[119]邓云峰.城市重大事故应急演习方法研究——演习目标及其评价准则[J].中国安全生产科学技术，2005(2)：16-20.

[120]周柏贾. 分布式虚拟仿真地震应急演练技术研究[D].北京：中国地质大学，2013.

[121]李雪峰.应急演练类型、设计、实施与评估[J].中国减灾，2019(23)：14-17.

[122]解玉宾，张小兵，王建飞，等.突发生产事故应急演练设计[J].中国安全生产科学技术，2015，11(10)：141-148.

[123]祁超，王红卫.面向高层指挥人员的应急演练仿真平台设计[J].系统工程理论与实践，2015，35(7)：1871-1877.

[124]尹香菊，钱洪伟.煤矿重大瓦斯事故场景下应急行为观测实验[J].煤矿安全，2016，47(2)：237-240.

[125]王忠才.演练式培训是提升突发事件应急能力的重要途径[J].沈阳干部学刊，2017，19(1)：54-57.

[126]张英菊，张秋玲.国内外关于应急管理教育培训研究综述[J].大连干部学刊，2012，28(10)：44-48.

[127]李明.应急管理情境模拟式教学的理论与实践[J].中国应急管理，2016(2)：74-76.

[128]张小兵.对应急演练几个基本问题的思考[J].河南理工大学学报(社会科学版)，2019，20(3)：54-59.

[129]王庆伟，李雪峰.我国应急演练开展现状综述[J].中国减灾，2019(23)：18-21.

[130]夏保成，张小兵，王慧彦.突发事件应急演习与演习设计[M].北京：当代中国出版社，2011.

[131]罗炼，沈建林，张石林.应急演练突发事件的情景构建研究和应用[J].安全，2020，41(1)：9-16.

[132]张小兵，张然，解玉宾.我国应急演练管理研究新进展[J].中国安全生产科学技术，2016，12(10)：68-73.

[133]王飞，刘玉梅，李万伟.突发事件应急演练虚拟实验室建设[J].电脑迷，2018(5)：223.

[134]袁辉.重大突发事件及其应急决策研究[J].安全，1996(2)：1-4，8.

[135]薛澜，张强，钟开斌.危机管理：转型期中国面临的挑战[J].中国软科学，2003(4)：6-12.

[136]范维澄.国家突发公共事件应急管理中科学问题的思考和建议[J].中国科学基金，2007(2)：71-76.

[137]高小平，陈茂生，刘杰.关键环节：突发事件应急处置的重要视角[J].中国应急管理，2008(2)：40-43.

[138]谢治菊.大数据与重大公共决策风险治理[J].河海大学学报(哲学社会科学版)，2019，21(5)：82-90，108.

[139]李一行.重大灾害事故应急处置中的领导力困境与化解思路[J].领导科学，2019(19)：50-52.

[140]左海洋，阎永军，张素平，等.新中国重大洪涝灾害抗灾纪实[J].中国防汛抗旱，2009，19(S1)：20-38.

[141]谢燮.邮轮应对突发疫情的路径及对策[J].中国远洋海运，2020(3)：48-53.

[142]MENDONCA D J .Decision support for improvisation in response to extreme events：Learning from the response to the 2001 World Trade Center attack[J].Decision Support Systems，2007，43(3)：952-967.

[143]薛耀文，黄欢，张国凤，等.基于重大突发事件的即兴决策[J].系统管理学报，2013，22(5)：7.

[144]王郅强，姜嘉林.危机决策者风险认知的影响因素分析——基于认知心理学的视角[J].长白学刊，2015(1)：64-71.

[145]CECIL E A，LUNDGREN E F. An analysis of individual decision making behavior using a laboratory setting[J]. Academy of Management Journal，1975，18(3)：600-604.

[146]TOST L P ，GINO F ，LARRICK R P .When power makes others speechless：The negative impact of leader power on team performance[J]. Harvard Business School Working Papers，2011，56(5)：1465-1486.

[147]何大安.行为理性主体及其决策的理论分析[J].中国工业经济，2013(7)：5-17.

[148]XIE K，LIU J，CHEN G，et al.Group decision-making in an unconventional emergency situation using agile Delphi approach[J]. Information Technology & Management，2012，13(4)：351-361.

[149]林鸿潮，栗燕杰.论非常规条件下的应急决策及其制度保障[J].中国应急管理，2010(5)：16-23.

[150]刘嘉，谢科范.非常规突发事件个体决策行为影响因素研究[J].软科学，2013，27(3)：50-54.

[151]李纲，叶光辉.面向应急决策的专家参考咨询过程探讨[J].情报理论与实践，2015，38(6)：66-70.

[152]KATHLEEN M，KOWALSKI-TRAKOFLER，CHARLES，et al. Judgment and decision making under stress：An overview for emergency managers[J]. International Journal of Emergency Management，2003，1(3)：278-289.

[153]张永领，吴倩，雷长群.重大突发事件应急决策影响因素研究[J].河南理工大学学报(社会科学版)，2017，18(1)：48-53.

[154]MOWDAY R T. Leader characteristics，self-confidence，and methods of upward influence in organizational decision situations[J]. The Academy of Management Journal，1979，22(4)：709-725.

[155]丁志均，杨青，张会兵，等.基于非结构化文本检索模型综述[J].计算机应用研究，2017，34(6)：1601-1608，1612.

[156]李亦纲，张媛，李志伟.地震现场倒塌建筑物的搜救策略研究[J].震灾防御技术，2010，5(4)：477-483.

[157]张文静，宋思然，王丽莉.地震重大事件情景构建探讨研究[J].地质与资源，2018，27(3)：298-301，306.

[158]王子平，葛素洁.地震灾害的社会性内容及救灾方略：兼论唐山地震救灾的历史经验[J].华北地震科学，1992(2)：79-82，72.

[159]李亦纲，贾群林，赵兰迎，等.汶川8.0级地震彭州现场调查及灾害成因分析[J].震灾防御技术，2009，4(1)：12-23.

[160]徐国栋，袁艺，方伟华，等.玉树7.1级地震震后损失快速评估[J].地震工程与工程振动，2011，31(1)：114-123.

[161]许建华，邓铎.国内特别重大地震灾害救援情况对比分析研究[J].城市与减灾，2019(2)：55-61.

[162]JACCARD P. The distribution of the flora in the alpine zone[J]. New Phytologist，1912，(11)：37-50.